せいかつプラス

んの

マナーとルール

キャラクター原作／さくらももこ
監修／沼田晶弘 東京学芸大学附属世田谷小学校教諭

ちびまる子《こ》ちゃんの マナーとルール

もくじ

ちびまる子《こ》ちゃんとなかまたち

杉山《すぎやま》くん
さっぱりしている。
大野《おおの》くん
正義感《せいぎかん》が強《つよ》い。
戸川先生《とがわせんせい》
クラスの担任《たんにん》の先生《せんせい》。
長山《ながやま》くん
かしこくてやさしい男《おとこ》の子《こ》。
野口《のぐち》さん
お笑《わら》い好《ず》きな暗《くら》い少女《しょうじょ》。
城ヶ崎《じょうがさき》さん
美人《びじん》で勝気《かちき》な女《おんな》の子《こ》。
丸尾《まるお》くん
「ズバリ」が口《くち》ぐせ。
関口《せきぐち》くん
いたずらっ子《こ》でやんちゃ。
永沢《ながさわ》くん
暗《くら》い。
小杉《こすぎ》
食《く》いしんぼう。
はまじ
おもしろい男子《だんし》。
前田《まえだ》さん
短気《たんき》でいばっている。
山根《やまね》くん
胃腸《いちょう》が弱《よわ》い。
花輪《はなわ》クン
お金持《かねも》ちのおぼっちゃま。
ヒデじい
花輪《はなわ》クンの世話係《せわがかり》。
みぎわさん
花輪《はなわ》クンにお熱《ねつ》。

監修《かんしゅう》 ぬまっち からのメッセージ

気持《きも》ちよく生活《せいかつ》するために

世《よ》の中《なか》にはたくさんの人《ひと》がいます。学校《がっこう》の友《とも》だちとだって、考《かんが》えかたもちがうし、育《そだ》ってきた環境《かんきょう》もちがう。当然《とうぜん》、生活《せいかつ》のしかたもちがう。そんな人《ひと》たちそれぞれが気持《きも》ちよく生活《せいかつ》するためにマナーがあるんだ。ところで、もし、全員《ぜんいん》がまわりの人《ひと》のことを考《かんが》え、マナーを守《まも》りながら生活《せいかつ》していたら、ルールはできたかな？

たとえば給食《きゅうしょく》の「おかわりは全部《ぜんぶ》食《た》べてから」というルール。自分《じぶん》の食《た》べたいものだけ食《た》べて、まわりの人《ひと》のことを考《かんが》えずにおかわりしていると、こういうルールができるよね。もし、みんなで生活《せいかつ》していることを理解《りかい》して、まわりのことを考《かんが》えていれば、このルールはできなかったかもしれない。

ルールはふえ続《つづ》けています。ルールがふえると、ちょっときゅうくつなかんじがするよね。気持《きも》ちよく生活《せいかつ》するために、マナーを守《まも》り、これ以上《いじょう》ルールがふえないようにしていこう！

〈監修《かんしゅう》〉東京学芸大学附属《とうきょうがくげいだいがくふぞく》 世田谷小学校教諭《せたがやしょうがっこうきょうゆ》

沼田晶弘《ぬまたあきひろ》先生《せんせい》（ぬまっち）

1975年《ねん》、東京都《とうきょうと》生《う》まれ。東京学芸大学教育学部卒業後《とうきょうがくげいだいがくきょういくがくぶそつぎょうご》、アメリカ・インディアナ州立《しゅうりつ》ボールステイト大学大学院《だいがくだいがくいん》で学《まな》び、スポーツ経営学《けいえいがく》の修士課程《しゅうしかてい》を修了後《しゅうりょうご》、同大学職員《どうだいがくしょくいん》などを経《へ》て、2006年《ねん》から現職《げんしょく》。児童《じどう》の自主性《じしゅせい》・自立性《じりつせい》を引《ひ》き出《だ》す斬新《ざんしん》でユニークな授業《じゅぎょう》が話題《わだい》に。著書《ちょしょ》に『「変《へん》」なクラスが世界《せかい》を変《か》える！』（中央公論新社《ちゅうおうこうろんしんしゃ》）『「やる気《き》」を引《ひ》き出《だ》す黄金《おうごん》ルール』（幻冬舎《げんとうしゃ》）など。

プロローグ
マナーとルールのちがいって?

ルール

安全《あんぜん》にくらすために守《まも》らないといけないこと（規則《きそく》・決《き》まり）

マナー

気持《きも》ちよくくらすためにやりたいこと（ぎょうぎ・作法《さほう》）

ズバリ 日本《にほん》の 道路交通法《どうろこうつうほう》では 歩行者《ほこうしゃ》の信号無視《しんごうむし》は 罰金《ばっきん》でしょう！
えっ お金《かね》はらうの？
ルールを 守《まも》らないと あぶないですよ 安全《あんぜん》のために 絶対《ぜったい》に守《まも》って ほしいから ルールが あるのです
マナーにも 罰金《ばっきん》があるの？
マナーにはないさ でも もしもみんなが 「それならいいや」と 道《みち》いっぱいに 広《ひろ》がって 歩《ある》いたり ゴミをすて たりしたら どうなると思《おも》う？
ペチャ
クチャ
通《とお》れないよー
きたないなあ…

うーん それは こまるな…
お互《たが》いに 気持《きも》ちよく 生活《せいかつ》するために 友《とも》だちだけ じゃなく みんなの立場《たちば》に立《た》って 思《おも》いやる気持《きも》ちの表《あらわ》れが マナーなのさ
集団生活《しゅうだんせいかつ》に マナーは 不可欠《ふかけつ》 なのです
マナーを守《まも》ると 自分《じぶん》のまわりの 人《ひと》たちも 気持《きも》ちよく すごせるように なると 思《おも》わないかい？
気持《きも》ちよく すごせる…か…
よーし まる子《こ》 マナーをおぼえて すてきな人《ひと》になるよ！
はたして まる子《こ》の決意《けつい》は 実《みの》るのか!?

第《だい》1章《しょう》
おうちの中《なか》にもマナーあり

1 あいさつって気持《きも》ちいいよ！

「ただいま」って いった?
いや…まんがを 早《はや》く読《よ》みたくて つい…
りぼん
「ただいま」もいわず 子《こ》ども部屋《べや》から 物音《ものおと》がしたら どろぼうかと 思《おも》って びっくり するでしょ
ガラッ
ただいまー
お姉《ねえ》ちゃんね おかえりなさい
あいさつをしたら あいさつを返《かえ》して もらえるのが うれしいよね
そうね 家《いえ》でも あいさつ していれば
外《そと》で知《し》っている 人《ひと》に会《あ》ったときに 「こんにちは」って いえるでしょ?

基本《きほん》のあいさつ
おはようございます
おやすみなさい
こんにちは
（夕方《ゆうがた》以降《いこう》は　こんばんは）
さようなら
いってきます
いってらっしゃい
ただいま
おかえりなさい

でもさあ
いちいち
いわなくても
わかるときも
あるでしょ～
よく考《かんが》えて
ごらん
ビクウッ

自分《じぶん》が心《こころ》の中《なか》で
思《おも》っていても
声《こえ》に出《だ》さないと
相手《あいて》に伝《つた》わらない
ものなのよ
そういえば…
スッ
おはよう
わたしも友《とも》だちに
気《き》づかれなかったとき
悲《かな》しかったな
でも…
あっ
まるちゃん
おはよう！
ほっ
おはよう！
おはよう
まるちゃん

気《き》づいて声《こえ》をかけてもらってうれしかったよ
そうでしょ
あいさつって人《ひと》と人《ひと》をつなぐ大事《だいじ》なものなんだね
お母《かあ》さんさっきはあいさつしなくて・・・・ごめんなさい
あいさつが大切《たいせつ》だって教《おし》えてくれて・・・ありがとう
まる子《こ》ちゃんと大事《だいじ》なことばをいえてるじゃない！えらいわね
あれ？
お母《かあ》さん「ありがとう」っていわれたら「どういたしまして」でしょ！
あっ
まる子《こ》はひとこと多《おお》いところも直《なお》したほうがいいわね
おかあさんおなかすいたー
おやつー

ぬまっちのツボ ①

ハイタッチあいさつできょうも元気《げんき》！

ボクが担任《たんにん》をつとめるクラスでは、ちょっと変《か》わったあいさつのしかたがあります。その名《な》も、「ハイタッチあいさつ」。

やりかたはかんたん。朝《あさ》と帰《かえ》りに、必《かなら》ず全員《ぜんいん》と、上《うえ》にあげた手《て》と手《て》をパチンとたたき合《あ》う！

でもそれだけで、うつむいていた顔《かお》も上《うえ》を向《む》くし、パチンとなった手《て》は気持《きも》ちいいし、小《ちい》さな声《こえ》であいさつするよりも、ずっと元気《げんき》になれるんだ。

それに、ハイタッチしてみると「あれ、きょうは元気《げんき》ないのかな?」「もしかして、だれかとけんかしちゃった?」なんてことも一発《いっぱつ》でわかっちゃう。今度《こんど》、この子《こ》とじっくり話《はな》してみよう、と気《き》づかせてくれることもあるんだよ。

みんなも友《とも》だちとハイタッチあいさつしてみたら、ますます楽《たの》しい一日《いちにち》になるかも!?

2 食《しょく》事《じ》のしたく・食《た》べかた・あと片《かた》づけ

ごはん・おかずの基本的《きほんてき》なならべかた

昔《むかし》から〝一汁三菜《いちじゅうさんさい》〟が
和食《わしょく》の基本《きほん》だと
いわれているねえ
一汁三菜
ごはんのほかに
汁物《しるもの》 主菜《しゅさい》
副菜《ふくさい》2品《ひん》あれば
栄養《えいよう》バランスが
とれるといわれて
いるんじゃよ
じゃあ
きょうのごはんは
バッチリだね
お母《かあ》さん
やるじゃん
そうよ 本当《ほんとう》は
オムライスが
いいなんて
文句《もんく》いうんじゃ
ないわよ
なんで
わかったの…
い…
いただきまーす
まる子《こ》は
「いただきます」って
どういう意味《いみ》か
知《し》ってるか?
え?
えーと…
作《つく》ってくれた
お母《かあ》さん
ありがとうって
ことだよね
それもあるが
それだけじゃ
ないんだな～

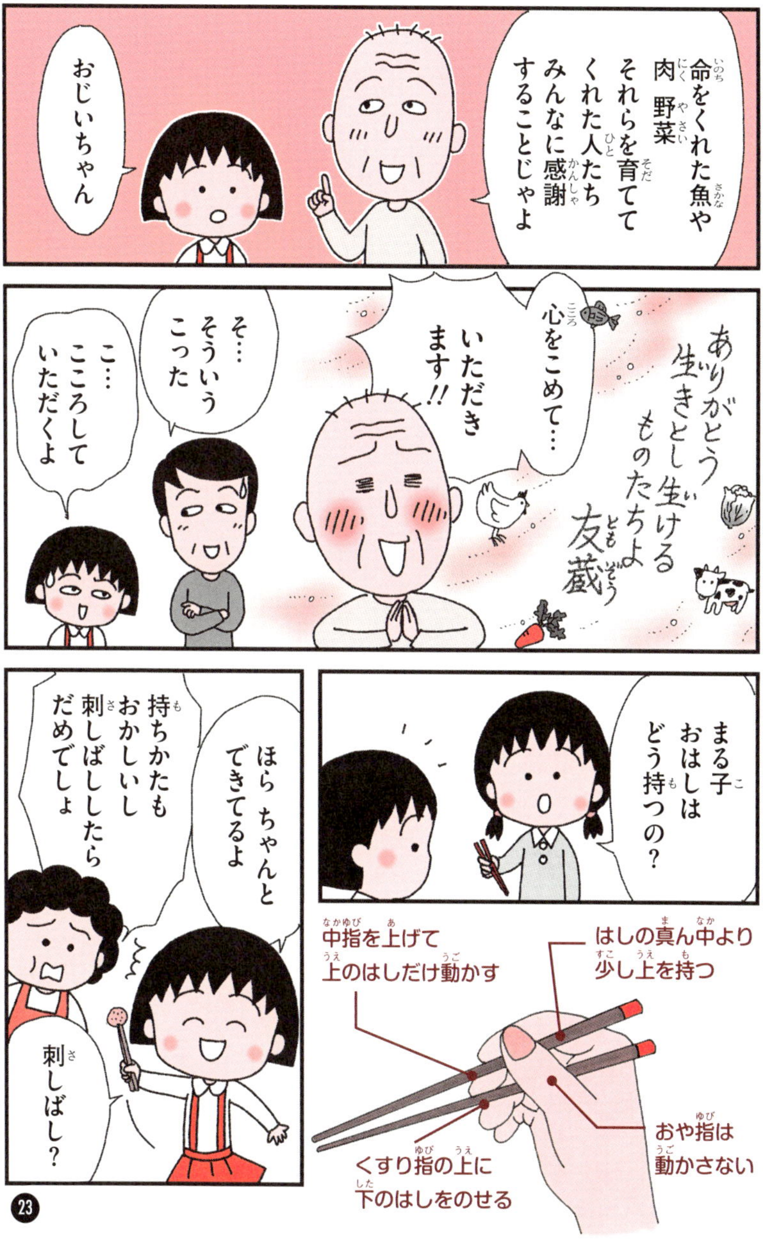
命《いのち》をくれた魚《さかな》や 肉《にく》 野菜《やさい》 それらを育《そだ》てて くれた人《ひと》たち みんなに感謝《かんしゃ》 することじゃよ
おじいちゃん
ありがとう 生きとし生《い》けるものたちよ 友《とも》蔵《ぞう》
心《こころ》をこめて… いただきます!!
そ… そういうこった
こ… こころしていただくよ
まる子《こ》 おはしはどう持《も》つの?
ほら ちゃんとできてるよ
持《も》ちかたもおかしいし刺《さ》しばししたらだめでしょ
刺《さ》しばし?
中指《なかゆび》を上《あ》げて 上《うえ》のはしだけ動《うご》かす
はしの真《ま》ん中《なか》より 少《すこ》し上《うえ》を持《も》つ
おや指《ゆび》は 動《うご》かさない
くすり指《ゆび》の上《うえ》に 下《した》のはしをのせる

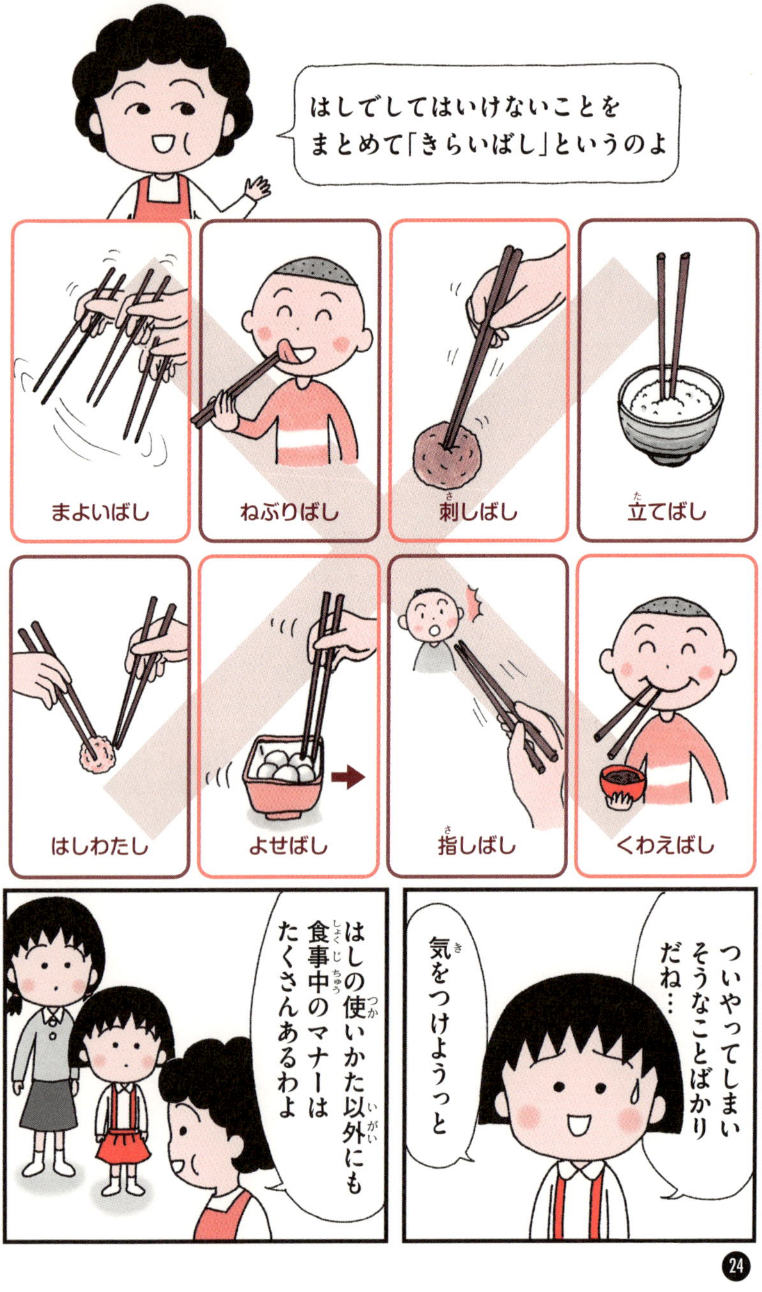

はしでしてはいけないことを
まとめて「きらいばし」というのよ
まよいばし
ねぶりばし
刺《さ》しばし
立《た》てばし
はしわたし
よせばし
指《さ》しばし
くわえばし
ついやってしまいそうなことばかりだね…
気《き》をつけようっと
はしの使《つか》いかた以外《いがい》にも食事中《しょくじちゅう》のマナーはたくさんあるわよ

食事中《しょくじちゅう》のマナー

下品《げひん》な話《はなし》はやめよう。

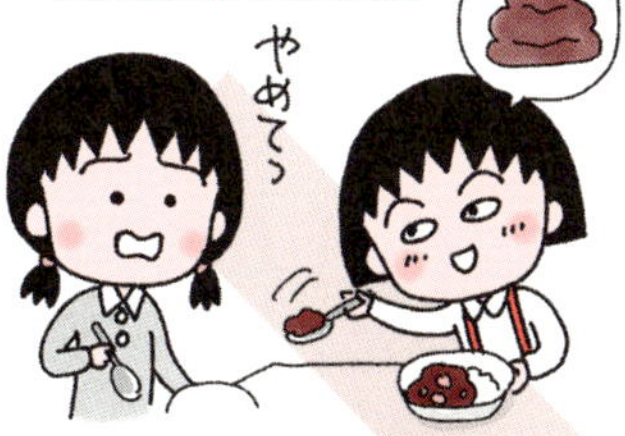

かんでいるときは口《くち》をとじ
できるだけ音《おと》を立《た》てずに食《た》べよう。

食器《しょっき》で大《おお》きな音《おと》を立《た》てないように。

食《た》べものが口《くち》に入《はい》っているときに
しゃべると、口《くち》の中《なか》が見《み》えたり
食《た》べものをこぼしたりするよ。

食《た》べている間《あいだ》は食事《しょくじ》に集中《しゅうちゅう》しよう。

ひじをついたり、手《て》を下《さ》げたまま
食《た》べたりするのはかっこわるいよ。

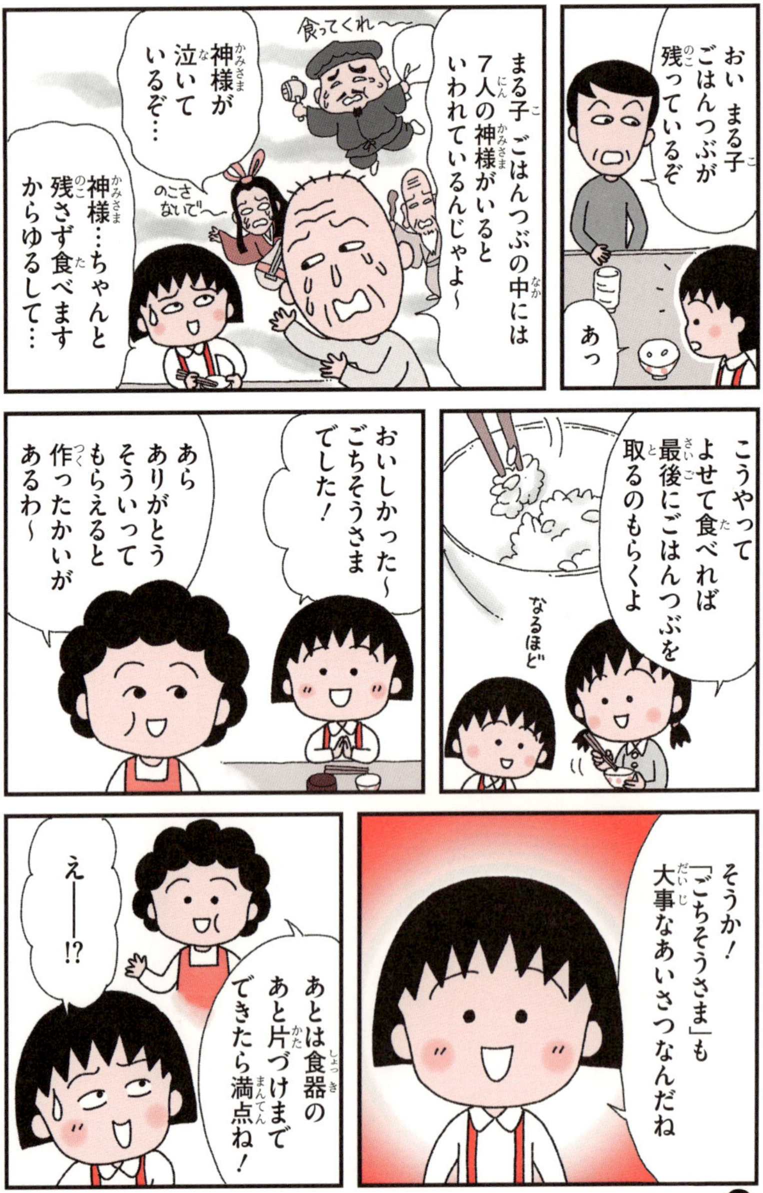

おい まる子《こ》 ごはんつぶが 残《のこ》っているぞ
あっ
まる子《こ》 ごはんつぶの中《なか》には 7人《にん》の神様《かみさま》がいると いわれているんじゃよ～
食ってくれ～～
神様《かみさま》が 泣《な》いて いるぞ…
のこさ ないで～
神様《かみさま》…ちゃんと 残《のこ》さず食《た》べます からゆるして…
こうやって よせて食《た》べれば 最後《さいご》にごはんつぶを 取《と》るのもらくよ
なるほど
おいしかった～ ごちそうさま でした！
あら ありがとう そういって もらえると 作《つく》ったかいが あるわ～
そうか！ 「ごちそうさま」も 大事《だいじ》なあいさつなんだね
あとは食器《しょっき》の あと片《かた》づけまで できたら満点《まんてん》ね！
え――!?

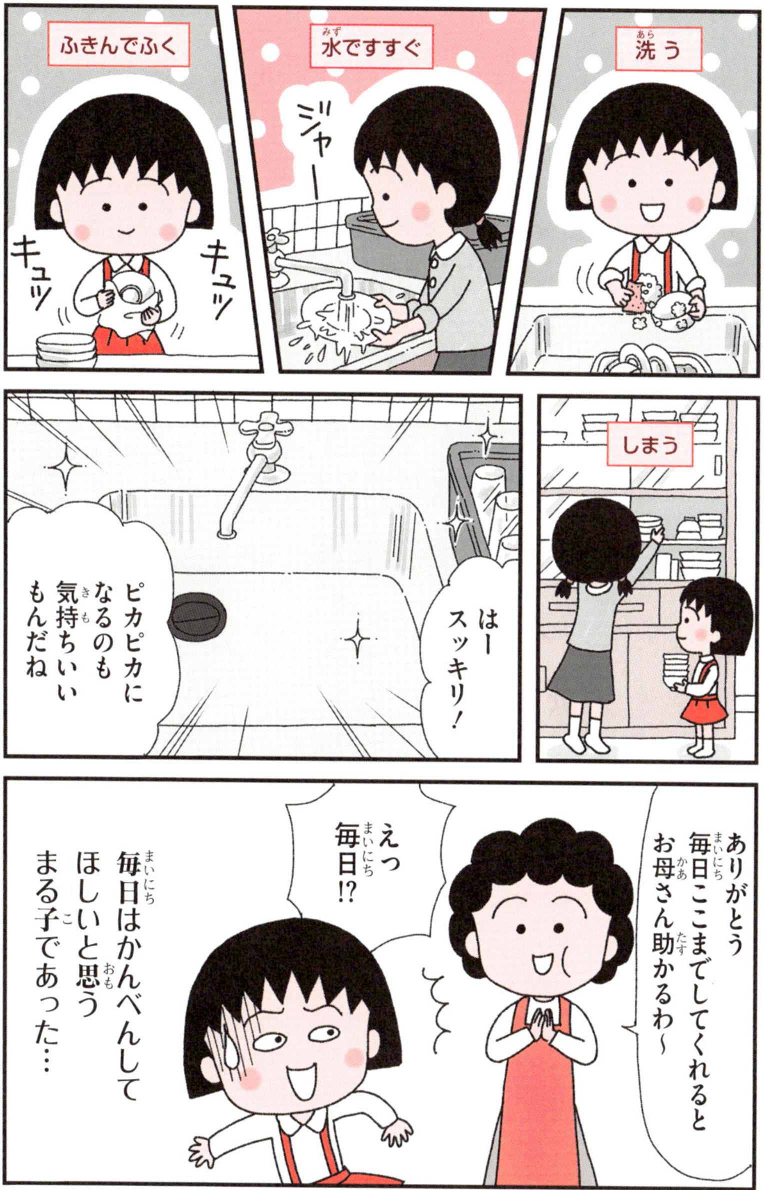
洗《あら》う
水《みず》ですすぐ
ジャー
ふきんでふく
キュッ
キュッ
しまう
はー
スッキリ！
ピカピカになるのも気持《きも》ちいいもんだね
ありがとう 毎日《まいにち》ここまでしてくれるとお母《かあ》さん助《たす》かるわ～
えっ 毎日《まいにち》!?
毎日《まいにち》はかんべんしてほしいと思《おも》うまる子《こ》であった…

3 トイレ・洗《せん》面所《めんじょ》・おふろ

トイレ

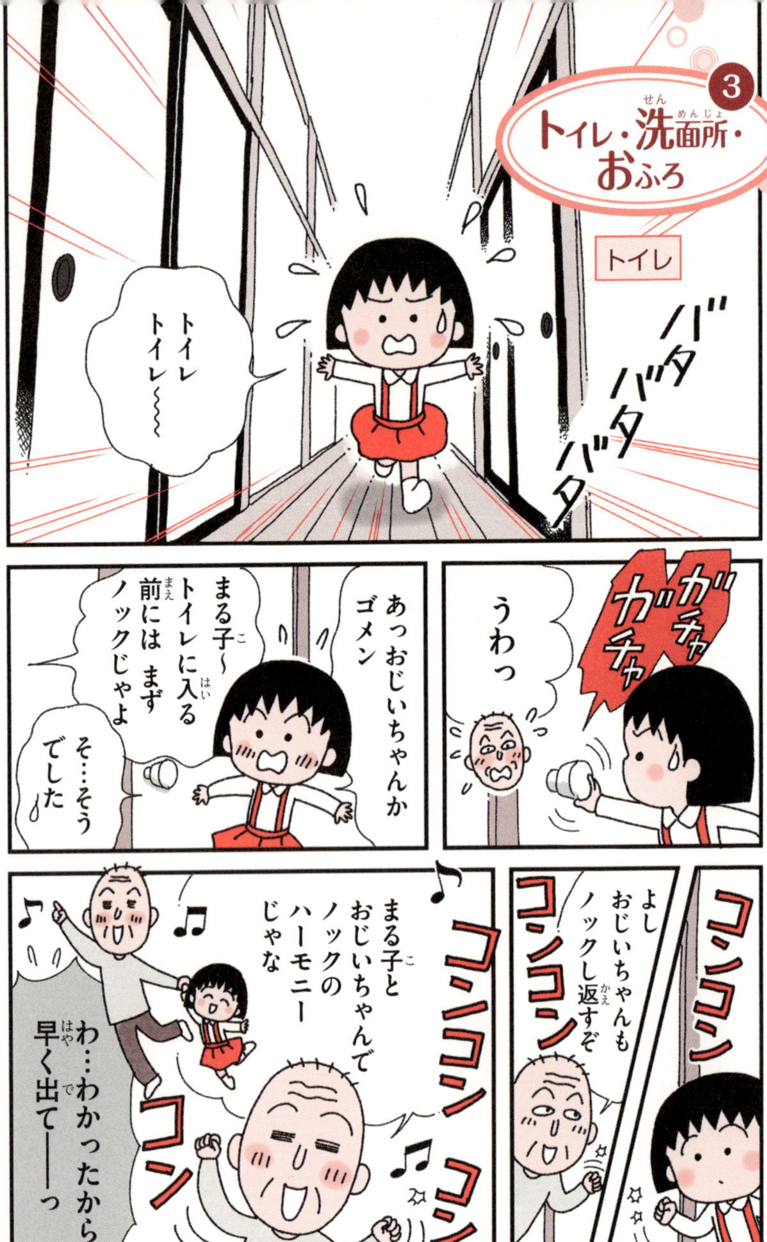

ドアには中《なか》からかぎをかけて、ほかの人《ひと》がとつぜんドアをあけないようにしよう
トイレットペーパーは必要《ひつよう》な分《ぶん》だけ使《つか》い、なくなったら新《あたら》しいものをセット！
ジャー
よし！
きちんと流《なが》れたかどうか必《かなら》ず確認《かくにん》しよう
よごれたり水《みず》がとびちったところは、トイレットペーパーなどできれいにふこう
出《で》るときにはスリッパをそろえて…と
まる子《こ》カンペキじゃ！
バタン
あっ見《み》たいテレビはじまっちゃう
バタバタバター
まる子《こ》…
出《で》るときはドアも静《しず》かに閉《し》めようね
心《こころ》の友蔵《ともぞう》の俳句《はいく》

洗面所《せんめんじょ》
手《て》はちゃんと洗《あら》わなきゃね
ジャー
ジャー
ぬっ…
まる子《こ》や
水《みず》は限《かぎ》られたしげんだから大切《たいせつ》にしないと
ビクッ
ジャー
いつのまに後《うし》ろに…
歯《は》みがき粉《こ》や歯《は》ブラシ くしは決《き》まった場所《ばしょ》に置《お》いて…と
シンクまわりやじゃぐちをふくとピカピカになって気持《きも》ちいいじゃろ？
ホントだピカピカって気持《きも》ちいいね！
洗面所《せんめんじょ》使《つか》ってもいい？
いくらピカピカがよくても
使《つか》ってる最中《さいちゅう》はじゃまだからやめて～
サッ
ピカピカ
あっぬれた！
サッ

おふろ
ポイッ
ポイッ
おふろめんどくさいな〜
まる子《こ》ぬいだ服《ふく》はうら返《がえ》しのままにしないでね
えー
どうせ洗《せん》たくするんだからいいじゃ〜ん
うら返《がえ》しで洗《せん》たくするとよごれが落《お》ちないのよ
くつしたも丸《まる》まったままにしないでね
はーい
あっ
だれ？ ちり紙《がみ》入《はい》ったまま洗《せん》たく機《き》に入《い》れたの
1か月前《げつまえ》
今回《こんかい》は事前《じぜん》に気《き》づいたからセーフってことで…
……
ちゃんとぬぐ前《まえ》にポケットの中《なか》を確認《かくにん》しなさーい！

1
お湯《ゆ》に入《はい》る前《まえ》に体《からだ》を流《なが》そう
(かけ湯《ゆ》は体《からだ》のよごれを落《お》とすだけでなく、おふろの温度《おんど》に体《からだ》をならすはたらきがあるよ)
2
タオルは湯船《ゆぶね》の外《そと》に
(みんなが入《はい》るお湯《ゆ》をきれいに保《たも》つため)
3
わすれがちな足《あし》のうらや指《ゆび》と指《ゆび》の間《あいだ》、わきの下《した》まで洗《あら》おう
4
上《あ》がるときは湯船《ゆぶね》にういたゴミや髪《かみ》の毛《け》などを取《と》り、ふたをしめよう

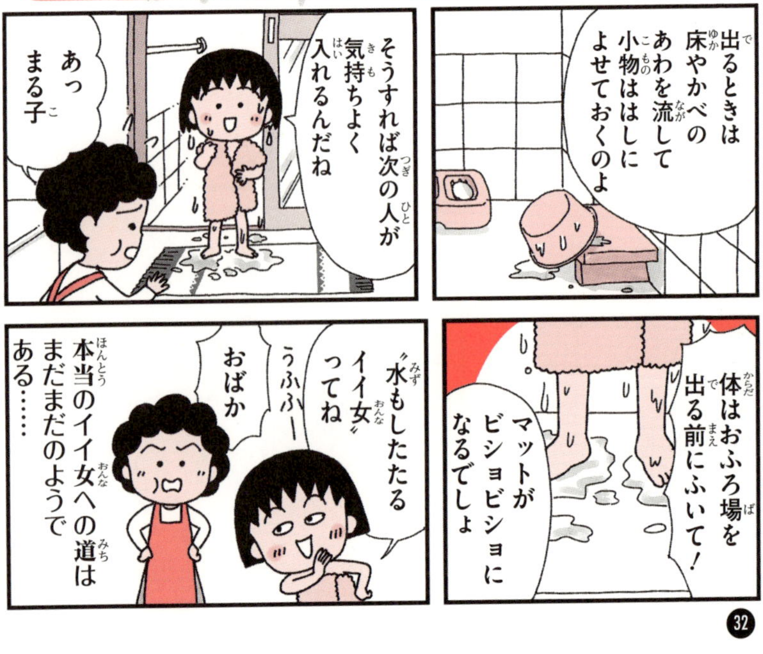
出《で》るときは床《ゆか》やかべのあわを流《なが》して小物《こもの》ははしによせておくのよ
そうすれば次《つぎ》の人《ひと》が気持《きも》ちよく入《はい》れるんだね
あっまる子《こ》
体《からだ》はおふろ場《ば》を出《で》る前《まえ》にふいて!
マットがビショビショになるでしょ
〝水《みず》もしたたるイイ女《おんな》〟ってね
うふふ—
おばか
本当《ほんとう》のイイ女《おんな》への道《みち》はまだまだのようである……

4 使《つか》ったものは もとに もどそう

ものには置《お》き場所《ばしょ》があるの！ちゃんともとの場所《ばしょ》にもどさないとものが泣《な》くよ
ご…ごめんなさ～い
この機会《きかい》に子《こ》ども部屋《べや》もてんけんします
えーーー!?
ぐっちゃ～～
………
………
片《かた》づけなさーい！
へ…へーい
ドサッ
ドサ
ドサッ
はい片《かた》づけたよ
それは〝片《かた》づけた〟じゃなくて〝ものを動《うご》かした〟だけでしょ

☆くわしく知《し》りたい人《ひと》は『ちびまる子《こ》ちゃんの整理整《せいりせい》とん』を読《よ》んでね！

わーお
スッキリ
片《かた》づいたら
すごく
すてきな
部屋《へや》に
見《み》えてきたよ
ブラボー
でしょ
なんだか
アフタヌーンティーが
似合《にあ》う感《かん》じ？
お母《かあ》さん
紅茶《こうちゃ》ーー♪
ラララ〜
なぜ
紅茶《こうちゃ》…
どうせやるなら
なんでもあと回《まわ》しにしないで
すぐやるほうが
気持《きも》ちいいでしょ
いわれたら
いい返事《へんじ》をして
すぐにやろうね

5 お手伝《てつだ》いで家《いえ》の人《ひと》を助《たす》けよう

ゴミの分別《ぶんべつ》

住《す》んでいる地域《ちいき》や建物《たてもの》によっても分別《ぶんべつ》のしかたがちがうので、確認《かくにん》してから出《だ》そう！

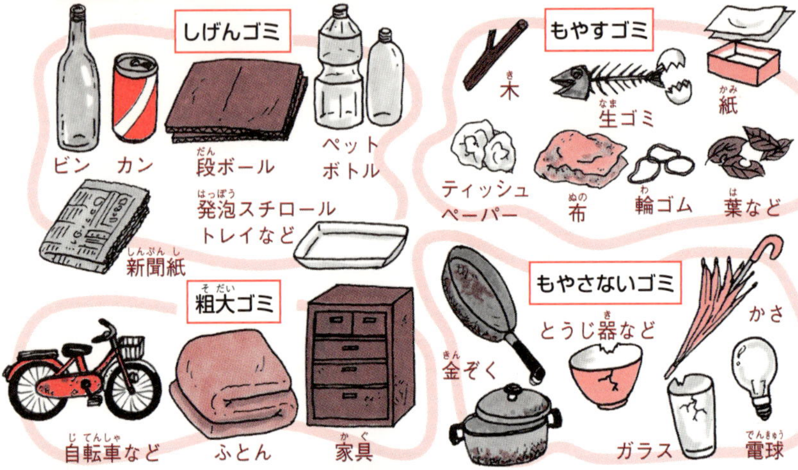

おふろ・トイレ・洗面所《せんめんじょ》のそうじ
花《はな》に水《みず》をやる
食事《しょくじ》のしたく・あと片《かた》づけ
キュッ
キュッ
洗《せん》たくものをほす・取《と》りこむ・たたむ
これはやったよ!
そうだったねえ
助《たす》かったわありがとう
えへへ…
お手伝《てつだ》いするとこんなにお母《かあ》さんが喜《よろこ》んでくれるんだ
ピンポーン
お客様《きゃくさま》いらしたわ
お茶《ちゃ》の用意《ようい》をするからまる子《こ》お出《で》むかえしてくれる?
はーい

お出《で》むかえ
いらっしゃいませ
どうぞおあがりください
お客様《きゃくさま》から見《み》て…
お茶《ちゃ》は右《みぎ》　おかしは左《ひだり》
どうぞ
おっと
和室《わしつ》のしきい、ざぶとん、たたみのへりはふまないようにね
子《こ》ども部屋《べや》でしずかに待《ま》とう
まあオホホ
りぼん
お見送《みおく》り
それでは失礼《しつれい》します
ガラッ

まる子《こ》がしっかりしていたからお客様《きゃくさま》も感心《かんしん》してたわよ
ほんと?
これで まる子《こ》もお手伝《てつだ》いマスターね
えへへそう?
…あれ?
ここに置《お》いておいたおかしの残《のこ》りは…?
ハッ
食べカス
まる子《こ》〜〜〜!!
ほめられたとたんにきょうもしかられるまる子《こ》であった…
チーン

コラム 1

留《る》守《す》番《ばん》をするとき

おうちの人《ひと》が家《いえ》にいなくて、ひとりで留守《るす》番《ばん》するときは、こんなことに気《き》をつけよう！

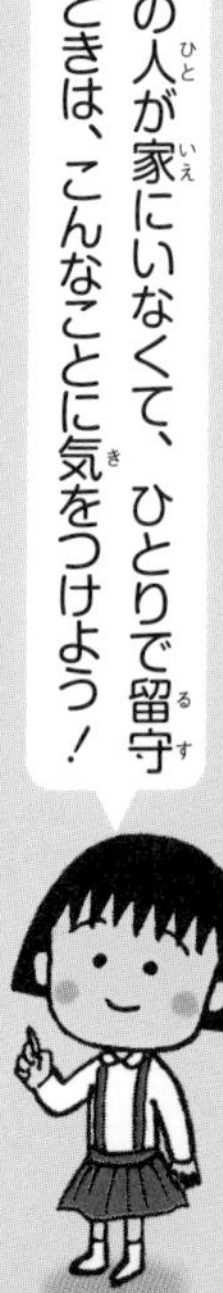

かぎを外《そと》で出《だ》さない、見《み》せない

家《いえ》に子《こ》どもしかいないことを知《し》られないように。

家《いえ》に入《はい》るときはまわりをよく見《み》てね

知《し》らない人《ひと》に入《はい》られないよう戸《と》じまりもしっかり。

火《ひ》や刃物《はもの》などは使《つか》わないでね

やけどやケガの危険《きけん》があるよ。

だれかが来《き》てもすぐにはドアをあけないでね

だれなのかを確《たし》かめて、知《し》らない人《ひと》ならかぎをあけないで。

ピンポーン
知《し》らない人《ひと》だから出《で》ないようにしよう

留守番電話《るすばんでんわ》にしておこう

電話《でんわ》は相手《あいて》を確《たし》かめてから出《で》よう。

プルルルル
ただいま留守《るす》にしております…ピー……
…お母《かあ》さんです
ガチャ
あ お母《かあ》さんだ！
もしもし

こまったときは家《いえ》の人《ひと》に連絡《れんらく》しよう

ふだんから、きんきゅうの連絡先《れんらくさき》を確認《かくにん》しておこう。

お母《かあ》さんのけいたいばんごうは…
おかあさん ケイタイ
000-0000-0000
おとうさん ケイタイ
000-0000-0000
おじいちゃんのいえ
000-000-0000
トシくんのいえ
000-000-0000

ぬまっちの
ツボ
②

「チーム自分《じぶん》」を作《つく》って、自分《じぶん》で自分《じぶん》を助《たす》けよう！

やらなくてはいけないことがあるのに、ついついあと回《まわ》しにして、あとでこまった経験《けいけん》、みんなにもあるよね。そうならないよう、「チーム自分《じぶん》」を作《つく》ろう！

月曜《げつよう》しめきりの宿題《しゅくだい》が金曜《きんよう》に出《で》たら、〝金《きん》曜《よう》の自《じ》分《ぶん》〟〝土曜《どよう》の自分《じぶん》〟〝日曜《にちよう》の自分《じぶん》〟でチームを結成《けっせい》！

金曜《きんよう》の自分《じぶん》ががんばったら、土曜《どよう》と日曜《にちよう》の自分《じぶん》はらくできるよね？

みんなで少《すこ》しずつ分《ぶん》担《たん》する場合《ばあい》もあるし…

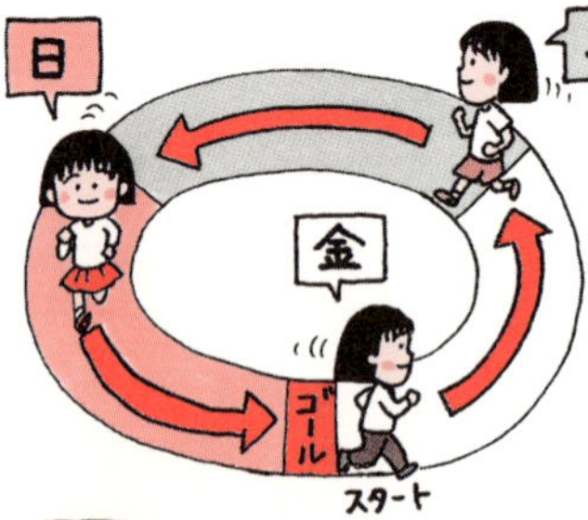

金曜《きんよう》と土曜《どよう》の自分《じぶん》がさぼったら、最終走者《さいしゅうそうしゃ》の自分《じぶん》が取《と》り返《かえ》すしかない！

やることは同《おな》じなんだから、「いつの自分《じぶん》ががんばるのか」ということ。日曜《にちよう》の自《じ》分《ぶん》に遊《あそ》ぶ予定《よてい》があるなら、金曜《きんよう》と土曜《どよう》のチームメイトがフォローしないとね…

第《だい》②章《しょう》

学《がっ》校《こう》でのマナーって?

1
一日《いちにち》の計《けい》は朝《あさ》にあり
まる子《こ》！ ちこくするよ 起《お》きて！
うーん
なんで お姉《ねえ》ちゃんは 朝《あさ》からそんなに 元気《げんき》なの？
ちゃんと早《はや》く ねてるからよ あんた きのうも 夜《よ》ふかしして たんでしょ
早《はや》く ねなさい！
アハハ
夜《よ》ふかしすると 体《からだ》もだるいし 頭《あたま》もはたらか ないんじゃない
ハッ
ぐちゃ
ぐちゃ
ちょっと！
ふとんも パジャマも ちゃんと たたみなさいよ

いただきます!
パクパク
よく朝《あさ》から そんなに 食《た》べられるね あたしゃまだ 食欲《しょくよく》ないよ
朝《あさ》ごはんを食《た》べると 体温《たいおん》が上《あ》がって 休《やす》んでいた脳《のう》や体《からだ》が 元気《げんき》になるらしいよ
朝《あさ》ごはんをぬくと 力《ちから》も出《で》ないし 頭《あたま》もはたらかないよ
へーえ
しっかり食《た》べて トイレに行《い》けば 体《からだ》もスッキリ じゃ!
なるほどー
ふあ〜
あわてない ためにも
早《はや》ね早起《はやお》きは 大事《だいじ》じゃよ

ふああ…まだねむいよ
ねぐせ
つめがのびている
目《め》もと、口《くち》もと、歯《は》がよごれている
ハンカチ・ティッシュを持《も》っていない
ひ…ひどい…
これじゃあ外《そと》に出《で》られないよちょっと来《き》て！
ふえっ!?
髪《かみ》をとかしてある
TPO《ティーピーオー》に合《あ》った服《ふく》
歯《は》みがき、顔洗《かおあら》いずみ
ハンカチ・ティッシュ
つめは切《き》ってある
かわいくなったじゃない

TPO《ティーピーオー》ってなに？
時間《じかん》(Time《タイム》)場所《ばしょ》(Place《プレイス》)場合《ばあい》(Occasion《オケージョン》)によって使《つか》い分《わ》けることよ
お出《で》かけのときはオシャレしていいけど学校《がっこう》へは動《うご》きやすい服《ふく》のほうがいいでしょ？
たしかに
きょうは体育《たいいく》がある日《ひ》ですよ
あっ
しせいも大事《だいじ》よね
悪《わる》い立《た》ちかた
ねこ背《ぜ》
体《からだ》がかたむいたり、うでを組《く》んだりする
悪《わる》いすわりかた
背《せ》もたれによりかかる
きれいな立《た》ちかた
あごとおしりをひっこめる
きれいなすわりかた
背《せ》すじがのびている
まる子《こ》まるでレディのようじゃ！
えへへそーお？
どう？わたしのプロデュース能力《のうりょく》は？
身《み》だしなみをととのえてしせいをよくするだけで印象《いんしょう》がだいぶちがうでしょ？

お姉《ねえ》ちゃん かっこつけてるけど ランドセルになんか へんなのついてるよ
プププッ
これはね きょうの調理実習《ちょうりじっしゅう》で エプロンを わすれないように
きのうのうちに メモをはって おいたのよ
エプロン
エプロンよし！ 時間割《じかんわり》よし！
いってきまーす！
♪
くっ… お姉《ねえ》ちゃんのことを 笑《わら》った自分《じぶん》が みじめだよ…
ハッ
まる子《こ》は 準備《じゅんび》は？
まだだったー！
えっときょうは 算数《さんすう》と習字《しゅうじ》と…
うわっもう こんな時間《じかん》!?
いってきます！
まる子《こ》 習字《しゅうじ》 道具《どうぐ》！
レディには まだまだ 遠《とお》い まる子かな
友蔵 心の俳句

コラム 2

すてきなしぐさ

相手《あいて》のことを考《かんが》えた
思《おも》いやりのしぐさはいろいろあるね

○

せきやくしゃみのときは
口《くち》もとをおさえよう

×

○

人《ひと》のことを指《ゆび》ささないでね

×

○

大切《たいせつ》なものは両手《りょうて》で持《も》とう

×

○

とがったものは、先《さき》を相手《あいて》に
向《む》けないで手《て》わたそう

(はさみやペンなど)

×

2
元気《げんき》に登校《とうこう》
ちこくしちゃう〜
ハア ハア
あっ たまちゃん おはよう
まるちゃん どうしたの? あわてて
ゼエ ゼエ
習字道具《しゅうじどうぐ》取《と》りにもどったらおくれちゃって…
ハア ハア
走《はし》るとあぶないよ 年下《としした》の子《こ》たちもいるから
お手本《てほん》になるように車《くるま》に気《き》をつけてゆっくり行《い》こうね
そうだね

登校《とうこう》

横断歩道《おうだんほどう》は手《て》をあげて、左《さ》右《ゆう》を見《み》て車《くるま》が来《こ》ないことを確《たし》かめてからわたろう。
より道《みち》すると家《いえ》の人《ひと》や先《せん》生《せい》が心配《しんぱい》するよ。通学路《つうがくろ》を通《とお》って行《い》こう。
友《とも》だちや近所《きんじょ》の人《ひと》、先《せん》生《せい》にあいさつすると気《き》持《も》ちがいいね。
年下《としした》の子《こ》を助《たす》けてあげると喜《よろこ》ばれるよ。

雨《あめ》の日《ひ》のマナー

かさをさしてすれちがうときは、相手《あいて》の人《ひと》が通《とお》りやすいようにかさを反対側《はんたいがわ》にかたむけたり、かさを持《も》つ手《て》を高《たか》く上《あ》げたりしよう。

かさをさすときはまわりの人《ひと》に注《ちゅう》意《い》しながら、先《さき》をななめ下《した》に向《む》けて開《ひら》こう。※ワンタッチ式《しき》のかさを開《ひら》くときは水《みず》はねに注意《ちゅうい》！

かさをしまうときは雨《あめ》をはらい、かわかしてからたたんでしまおう。

かさをブラブラさせたり、ななめに持《も》ったりしないようにしよう。

3

授業中《じゅぎょうちゅう》

授業中《じゅぎょうちゅう》のマナー

おしゃべりやよそ見《み》をしないで、先生《せんせい》の話《はなし》をしっかり聞《き》こう。

チャイムがなったら席《せき》につき、勝手《かって》に立《た》ち歩《ある》かないようにしよう。

呼《よ》ばれたら「はい」と元気《げんき》よく返事《へんじ》をしよう。

発言《はつげん》するときは手《て》をあげて、先生《せんせい》に指名《しめい》されてから話《はな》そう。

話《はな》している人《ひと》の話《はなし》をよく聞《き》こう。

発表《はっぴょう》するときは、みんなに聞《き》こえる大《おお》きさの声《こえ》で話《はな》そう。

体調《たいちょう》が悪《わる》いときやトイレに行《い》きたいときは、むりせず先生《せんせい》にいおう。

まちがえた人《ひと》がいても、笑《わら》わないようにしよう。（自分《じぶん》が笑《わら》われたらどんな気持《きも》ちになるか考《かんが》えてみよう。）

みなさんよくわかっていますね
あとは きちんと実行《じっこう》することが大切《たいせつ》です
学校《がっこう》は「小《ちい》さな社会《しゃかい》」なんです
小《ちい》さな社会《しゃかい》?
学校《がっこう》ではたくさんの人《ひと》がいっしょにすごします
みなさんが気持《きも》ちよくすごすために学校《がっこう》でもマナーは大切《たいせつ》なんです
そっかあ…
では授業以外《じゅぎょういがい》でも学校《がっこう》で大切《たいせつ》なマナーにはどんなことがあるのか考《かんが》えてきてください
これをきょうの宿題《しゅくだい》にします

え〜もうこれ以上《いじょう》見《み》つからないよ〜
浜崎《はまざき》くん宿題《しゅくだい》に文句《もんく》や不満《ふまん》をいうのは みっともないよ
キラーン
花輪《はなわ》クンのいうとおりでしょう！
わからないことはわかる人《ひと》に教《おし》えてもらえばよいのです 聞《き》くは一時《いっとき》の恥《はじ》聞《き》かぬは一生《いっしょう》の恥《はじ》ですぞ！
そのことわざの意味《いみ》がわかんねーんだけど
知《し》らないことを人《ひと》に聞《き》くのは少《すこ》しはずかしいが 聞《き》かずに知《し》らないままでいると一生《いっしょう》はずかしい思《おも》いをするから すぐに聞《き》くほうがいい
ってことさ
はまじもうすでにわからないことちゃんと聞《き》けたじゃん！
おっ？さすがオレやるじゃーん
ドッ
ほめられていないのにほめられた気《き》になるはまじであった…

コラム 3

つい出《で》ちゃうクセに気《き》をつけよう

4 休《やす》み時間《じかん》

学校《がっこう》では ほかにどんな マナーがあるかなあ？
じゃあ さっそくマナー さがしに 行《い》こうぜ！
3の4
タタタ…
ドーーン
まるちゃん！
だいじょうぶ!?
はまじ！ ろうかを走《はし》ったら あぶないよ！
さくら スマン！
いてて…
おかげで マナーがひとつ 見《み》つかったよ

ろうか・階段《かいだん》

階段《かいだん》の段《だん》をとばしたり手すり《て》で遊《あそ》んだりするのはあぶない!
曲《ま》がり角《かど》は、反対《はんたい》から来《く》る人《ひと》とぶつからないように気《き》をつけよう。
わっ
ズバリあぶないでしょう!
ろうか、階段《かいだん》はみんなの通《とお》り道《みち》。走《はし》らず、ゆっくり歩《ある》こう。
じゃまよ
すわりこんだり広《ひろ》がったり立《た》ち話《ばなし》をしたりして、通《とお》り道《みち》をふさがないようにね。

校庭《こうてい》・体育館《たいいくかん》

学校《がっこう》は みんなの場所《ばしょ》だから気《き》をつけることもいろいろあるね
あっポスターがはがれてるよ
はっておこう
ハンカチも落《お》ちてる
これだれの——?
キミたち自分《じぶん》からすすんで行動《こうどう》するとはすばらしいじゃないか!
あれ?名前《なまえ》が書《か》いてある
ぶらぼー
3の4はまざき
はまじのだ
浜崎《はまざき》くん!ちゃんと名前《なまえ》が書《か》いてあるからもどってきたよよかったね
お!
このハンカチ 前《まえ》にはなかんでからなくしたんだった
サンキューさくら!
はまじがはなをかんだハンカチ……
まるちゃんしっかり
フラッ
ハンカチとティッシュはいつもわすれないようにね

5 職《しょく》員室《いんしつ》・保《ほ》健室《けんしつ》・図《と》書室《しょしつ》

職《しょく》員《いん》室《しつ》すごろく
スタート!
ピシッ
身《み》なりをととのえよう
コンコン
ノックをしよう
はい
○○の準備《じゅんび》ができました
失礼《しつれい》します　3年《ねん》4組《くみ》　さくらももこです
戸川先生《とがわせんせい》いらっしゃいますか
ていねいなことばで手《て》みじかに用件《ようけん》をいおう
失礼《しつれい》しました
とびらはしずかにしめよう
ピタッ
ゴール!

保《ほ》健《けん》室《しつ》すごろく
スタート!
保健室《ほけんしつ》に行《い》ってくる
だいじょうぶ?
先生《せんせい》か友《とも》だちに保健室《ほけんしつ》に行《い》くことを伝《つた》えよう
コンコン
ノックをしよう
失礼《しつれい》します
2時間目《じかんめ》のとちゅうから頭《あたま》が痛《いた》くなって
熱《ねつ》っぽい、はき気《け》がするなど、わかりやすく伝《つた》えよう
少《すこ》し休《やす》んでいきなさい
ベッドで休《やす》んでいる人《ひと》もいるのでしずかにしようね
ありがとうございました
おだいじに
ゴール!

図書室《としょしつ》4か条《じょう》

本《ほん》に線《せん》をひいたり、いたずら書《が》きをしたり、やぶったりしないようにね。

大《おお》きな声《こえ》で話《はな》さず、しずかに歩《ある》こう。

手続《てつづ》きをしてからかり、返《へん》きゃく日《び》までに返《かえ》そうね。

本《ほん》はみんなのもの！
ていねいにあつかい、読《よ》みおわったら決《き》められた場所《ばしょ》にもどそう。

6 給食《きゅうしょく》・そうじ

あとでおかわりするよ！
だろうねえ…
いただきます！
アハハ
アハハ
ねえ食《た》べおわったら校庭《こうてい》で鬼《おに》ごっこしようよ～
山田《やまだ》くん食事中《しょくじちゅう》に立《た》ち上《あ》がったり歩《ある》き回《まわ》ったりするのはかっこわるいよ
そっか～ゴメンゴメン
あっ山根《やまね》が全部《ぜんぶ》食《た》べてる！
さくらがぼくに合《あ》わせて少《すく》なめによそってくれたからだよ…
ありがとう…

きょうは給食《きゅうしょく》の準備《じゅんび》が早《はや》かったので
この調子《ちょうし》であと片《かた》づけもすれば自由時間《じゆうじかん》もふえますよ
やったー！
ごちそうさまでした！
さあそうじだ！
第《だい》1球《きゅう》！
投《な》げました！
カキーン
ガシャーン

あーあ
失敗《しっぱい》失敗《しっぱい》
遊《あそ》んでると
そうじが
おわらないよ
早《はや》くおわれば
その分《ぶん》 本《ほん》が
読《よ》めるかも
よし！
そうじ早《はや》おわり
計画《けいかく》 発動《はつどう》だ！
ブー太郎《たろう》
ほうきの使《つか》いかた
まちがってるわよ
ほうきはこうやって
見《み》えるゴミだけじゃなくて
見《み》えないほこりも集《あつ》めるのよ
ありがとうブー
知《し》らなかったブー

ぞうきんは しっかりしぼって 力《ちから》を入《い》れてふいて
バケツで きれいにゆすいで
キュッ
キュッ
もく もく
せっせ
せっせ
ピカ
ピカーーッ
みなさん協力《きょうりょく》して そうじも早《はや》く おわりましたね よくがんばりました
パチ パチ
もうメモも いっぱい… あっ!
「学校《がっこう》のマナーを 考《かん》える」宿題《しゅくだい》 いつのまにか できちゃった!
まるちゃん やったね!

ぬまっちのツボ 3

ダンシングそうじでチームプレー！

ボクが担任《たんにん》をつとめるクラスのいちばんの名《めい》物《ぶつ》といえば「ダンシングそうじ」！

そうじの時間《じかん》に音楽《おんがく》をかけ、いちばん盛《も》り上《あ》がるサビのところで、ほうきとぞうきんを床《ゆか》に置《お》いてダンスするんだ。

ダンスしないほうがそうじが早《はや》くおわるでしょうってよくいわれるけど、実《じつ》はダンシングそうじのほうが断然早《だんぜんはや》い。なぜだと思《おも》う？

このクラスのそうじには、「ほうき係《がかり》」とか「ぞうきん係《がかり》」とかの役割《やくわり》がないんだよ。係《かかり》を作《つく》ると、自分《じぶん》の仕事《しごと》をおえたあとは待《ま》ち時間《じかん》になりがちだよね。でもその時間《じかん》、もったいなくない？

だから、ムダな時間《じかん》をなくすために、そうじの全体《ぜんたい》を見《み》てスッと役割《やくわり》を変《か》えていくんだ。ほうきチームが床《ゆか》をはいたら、ぞうきんチームが追《お》いかける。ぞうきんチームの人数《にんずう》が少《すく》ないと見《み》るや、ほうきからぞうきんに移《うつ》る。クラス全《ぜん》体《たい》がチームとして動《うご》くようにね。

それもこれも、サビにみんなでおどりたいからできること！ダンスしないと楽《たの》しくないし、スイッチの入《はい》りかたもちがう。楽《たの》しいことが待《ま》っていると思《おも》うと、集中力《しゅうちゅうりょく》もスピードもアップするんだよ。

第《だい》❸章《しょう》

遊《あそ》びに行《い》こう！

1 遊《あそ》びに行《い》く前《まえ》に

かぜをひかないように
うがい　手洗《てあら》いをして…と
ガラガラ
よし
これで
遊《あそ》びに
行《い》けるね
いってきまー…
ガシッ
おまち
まる子《こ》
お母《かあ》さん!?
宿題《しゅくだい》は？
帰《かえ》ってから
やるよ〜
やるべきことを
あと回《まわ》しにすると
どうなるんだっけ？

まる子《こ》のそうぞう

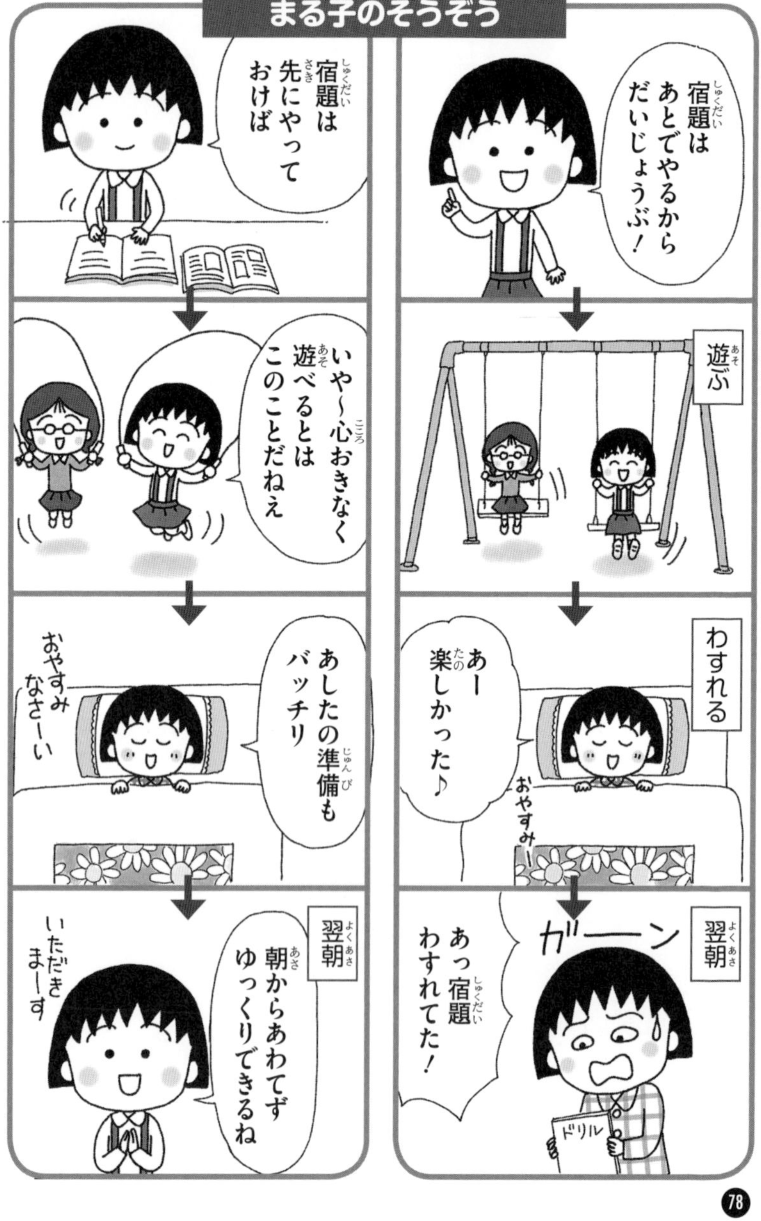

宿題《しゅくだい》はあとでやるからだいじょうぶ!
遊《あそ》ぶ
わすれる
あー楽《たの》しかった♪
おやすみー
翌朝《よくあさ》
ガーーン
あっ宿題《しゅくだい》わすれてた!
ドリル
宿題《しゅくだい》は先《さき》にやっておけば
いや〜心《こころ》おきなく遊《あそ》べるとはこのことだねえ
あしたの準備《じゅんび》もバッチリ
おやすみなさーい
翌朝《よくあさ》
朝《あさ》からあわてずゆっくりできるね
いただきまーす

うう… でも
早《はや》く遊《あそ》ばないと
暗《くら》くなっちゃう
んだよ〜
そういうときは
宿題《しゅくだい》をする時間《じかん》を
5時《じ》から6時《じ》って
決《き》めておいて
暗《くら》くなる前《まえ》に
帰《かえ》ってきて
ごはんまでに
おわらせるのよ
わかった!
5時《じ》から6時《じ》の
間《あいだ》に必《かなら》ずするよ
ガシッ
じゃあ
いってき…
どこへ
だれと
なにをしに
行《い》くのか
いわないと
心配《しんぱい》するでしょ
なんじに
帰《かえ》って
くるのか
た…
たまちゃんと
公園《こうえん》で遊《あそ》んで
4時半《じはん》に
帰《かえ》ります…
はい…

約束《やくそく》した時間《じかん》にちゃんと帰《かえ》ってくるのよ
はーい いってきま～す！
たまちゃん まだかなあ…
返《かえ》す本《ほん》があるから図書館前《としょかんまえ》に集合《しゅうごう》だったよね…
もうどこかに行《い》っちゃったかなあ
たまちゃん どうしたのかな…
友《とも》だちと遊《あそ》ぶときは集《あつ》まる時間《じかん》や場所《ばしょ》を きちんと約束《やくそく》しておこう
約束《やくそく》の時間《じかん》にはおくれないように5分前《ふんまえ》にはつくつもりでね！

2 道路《どうろ》や公園《こうえん》

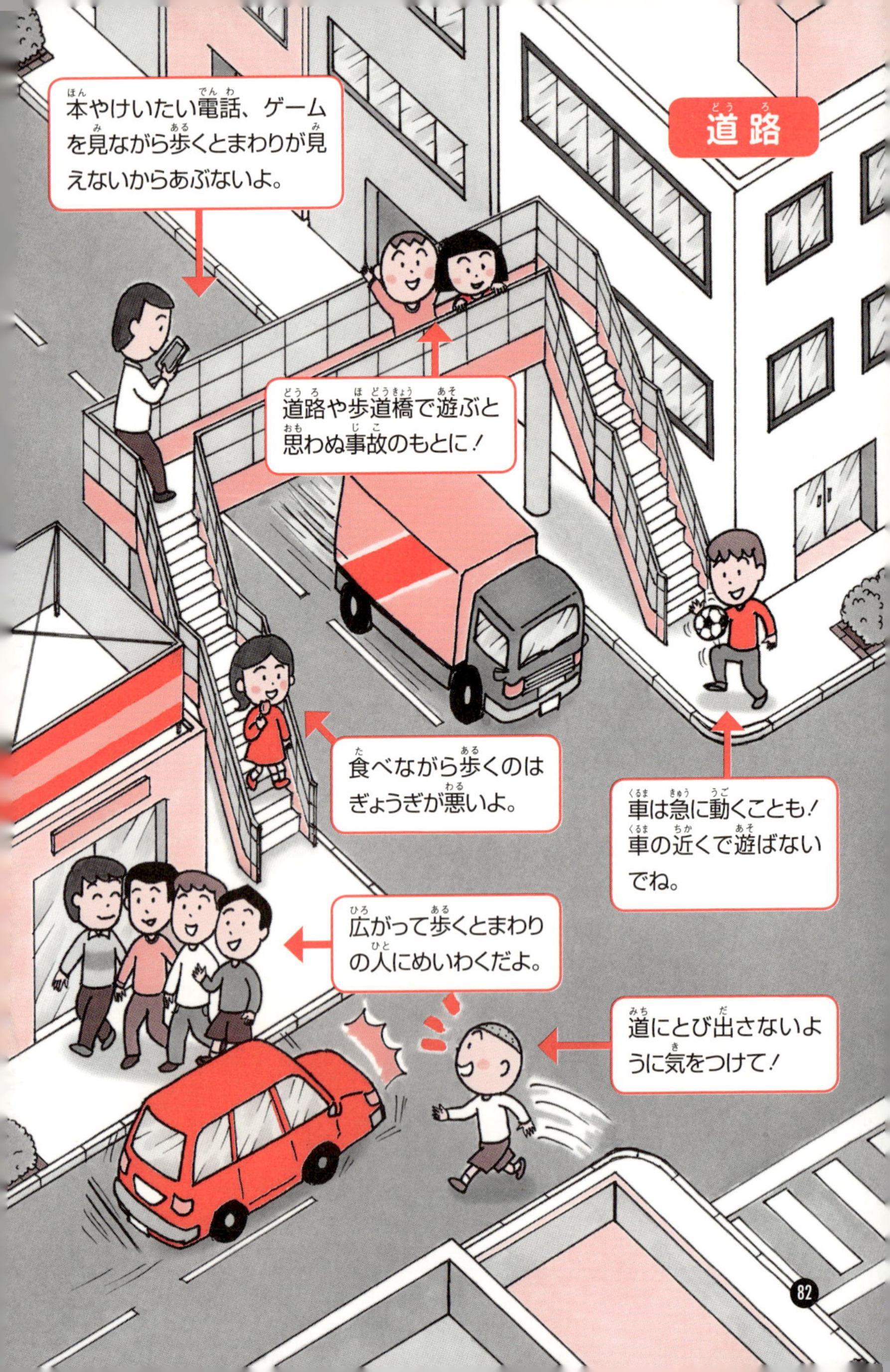
道路《どうろ》
本《ほん》やけいたい電話《でんわ》、ゲームを見《み》ながら歩《ある》くとまわりが見《み》えないからあぶないよ。
道路《どうろ》や歩道橋《ほどうきょう》で遊《あそ》ぶと思《おも》わぬ事故《じこ》のもとに！
食《た》べながら歩《ある》くのはぎょうぎが悪《わる》いよ。
車《くるま》は急《きゅう》に動《うご》くことも！車《くるま》の近《ちか》くで遊《あそ》ばないでね。
広《ひろ》がって歩《ある》くとまわりの人《ひと》にめいわくだよ。
道《みち》にとび出《だ》さないように気《き》をつけて！

公園《こうえん》
公園《こうえん》の注意書《ちゅういが》きなどのルールを守《まも》り、火遊《ひあそ》びやエアガンなど、あぶない遊《あそ》びはしないでね。
ちゅうい
おうちの人《ひと》と約束《やくそく》した時間《じかん》になる前《まえ》には片《かた》づけて帰《かえ》ろう。
みんながゴミをすてていったら公園《こうえん》がきたなくなるよ。ゴミは持《も》ち帰《かえ》ろう。
池《いけ》・川《かわ》・工事現場《こうじげんば》・非常階段《ひじょうかいだん》・立《た》ち入《い》り禁止《きんし》の場所《ばしょ》などには絶対《ぜったい》に近《ちか》づかないで！
植物《しょくぶつ》や生《い》きものは大切《たいせつ》に。
ポキッ
工事中
たちいりきんし
立入禁止

コラム④

防《ぼう》犯《はん》ひょう語《ご》「イカのおすし」

学校《がっこう》の行《い》き帰《かえ》りや外《そと》で遊《あそ》んでいるときの5《いつ》つの約束《やくそく》だよ。

イカ

知《し》らない人《ひと》について **いかない**

いっしょに行こう!
行《い》きません!

の

知《し》らない人《ひと》の車《くるま》に **のらない**

お

あぶなかったら **おお声《ごえ》で さけぶ**

いや!
たすけて!

す

人のいるところに **すぐにげる**

たすけて!

し

まわりの大人《おとな》に **しらせる**

へんな人《ひと》が…

しっかり守《まも》って、あぶないことに
まきこまれないように気《き》をつけよう!

3 自転車《じてんしゃ》

自転車《じてんしゃ》チェックポイント

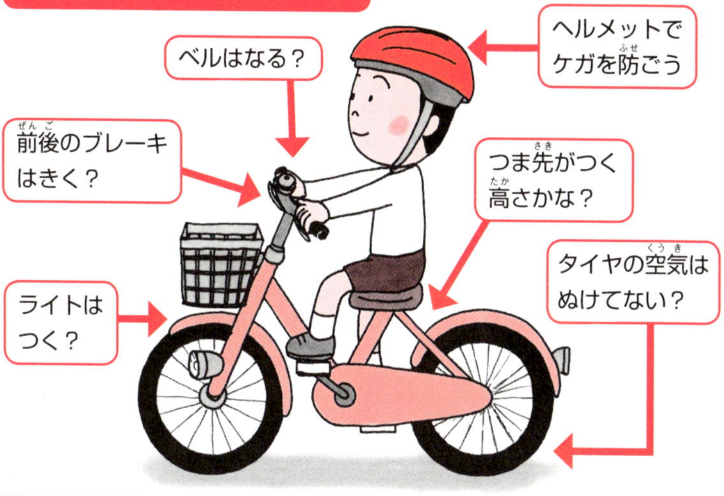

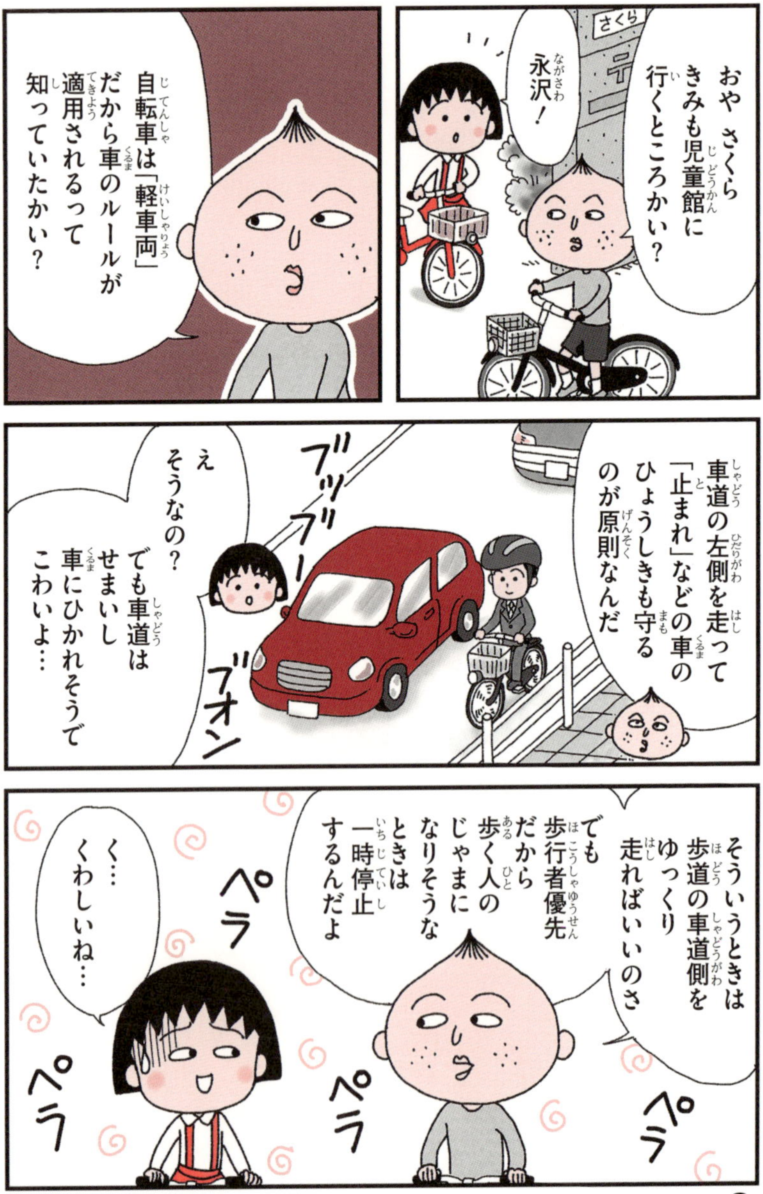
さくら
おや さくら きみも児童館《じどうかん》に行《い》くところかい？
永沢《ながさわ》！
自転車《じてんしゃ》は「軽車両《けいしゃりょう》」だから車《くるま》のルールが適用《てきよう》されるって知《し》っていたかい？
車道《しゃどう》の左側《ひだりがわ》を走《はし》って「止《と》まれ」などの車《くるま》のひょうしきも守《まも》るのが原則《げんそく》なんだ
ブッブー
ブオン
え そうなの？ でも車道《しゃどう》はせまいし車《くるま》にひかれそうでこわいよ…
そういうときは歩道《ほどう》の車道側《しゃどうがわ》をゆっくり走《はし》ればいいのさ でも歩行者優先《ほこうしゃゆうせん》だから歩《ある》く人《ひと》のじゃまになりそうなときは一時停止《いちじていし》するんだよ
ペラ
ペラ
ペラ
ペラ
く…くわしいね…

あぶないよ、こんな乗《の》りかた

※ベルは、見通《みとお》しの悪《わる》い場所《ばしょ》や危険《きけん》をさけるときにならそう。

あぶないよ、こんな乗《の》りかた
バッ
とび出《だ》しや横断歩道《おうだんほどう》のないところの横断《おうだん》
暗《くら》いときにライトをつけない
さあついた 自転車《じてんしゃ》は歩道《ほどう》に 止《と》めてはいけないよ
ちゃんと 駐輪場《ちゅうりんじょう》に止《と》めて かぎをかけて…と
あっ
あっ
本日休館日
ガーン
えー 休《やす》みー?
児童館
本日休館日
…
遊《あそ》ぶ場所《ばしょ》の予定表《よていひょう》などを確認《かくにん》してから約束《やくそく》しよう!

4 友《とも》だちの家《いえ》で

あっ そうだ!
これ お母《かあ》さんから
ありがとう ございます
さくら さん!
ズバリ こういうときは 「母《はは》からです」と いうべきでしょう!
おう この絵は シャガールのっ
丸尾《まるお》くん 人《ひと》の家《いえ》でも チェック きびしい……
おう さくら おそかったな
なあなあ かくれんぼ しようぜー
浜崎《はまざき》くん!?
花輪《はなわ》クンちは たしかに広《ひろ》いけど かくれんぼは よくないでしょう
そう いわれれば……

用《よう》のない部屋《へや》をのぞいたり家《いえ》の中《なか》のものを勝手《かって》にさわるのもだめでしょう
さあ みなさんおやつですよ
ありがとうございます
わ〜い
いただきまーす
もう〜こぼさないようにお皿《さら》の上《うえ》で食《た》べなよ
ポロ
ポロ
ほらこんなふうに
さくらさんは食《た》べることだけはクラスいち上手《じょうず》でしょう
あんたはクラスいちよけいなおせっかいだよ
うむ うまい
わい わい
そろそろ5時《じ》になりますよ

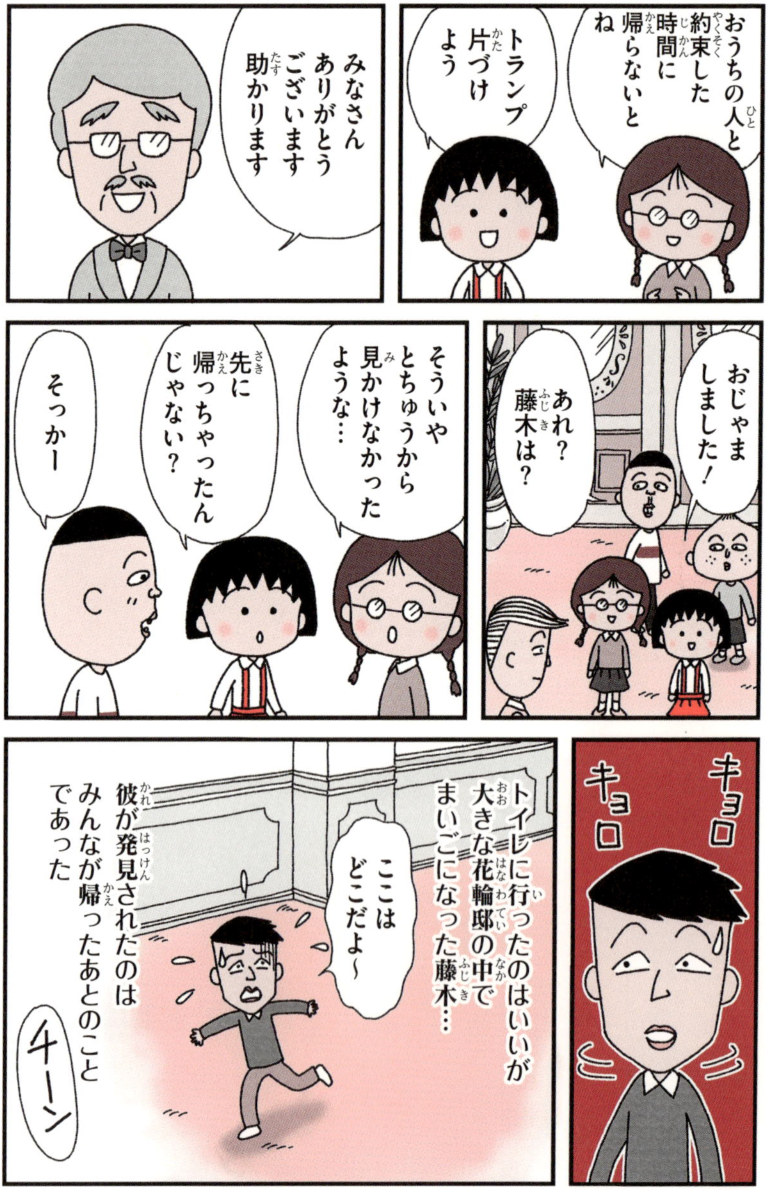
おうちの人《ひと》と約束《やくそく》した時間《じかん》に帰《かえ》らないとね
トランプ片《かた》づけよう
みなさんありがとうございます助《たす》かります
おじゃましました!
あれ? 藤木《ふじき》は?
そういやとちゅうから見《み》かけなかったような…
先《さき》に帰《かえ》っちゃったんじゃない?
そっかー
キョロキョロ
トイレに行《い》ったのはいいが大《おお》きな花輪邸《はなわてい》の中《なか》でまいごになった藤木《ふじき》…
ここはどこだよ〜
彼《かれ》が発見《はっけん》されたのはみんなが帰《かえ》ったあとのことであった
チーン

コラム 5

「ほう・れん・そう」とは？

「報告《ほうこく》・連絡《れんらく》・相談《そうだん》」の頭《あたま》の文字《もじ》だよ。

ほう〈報告《ほうこく》〉

一日《いちにち》のできごとを話《はな》そう

きょう 花輪《はなわ》クンの 家《いえ》でケーキを ごちそうに なったよ
まあ そう じゃあ また 今度《こんど》お礼《れい》を いわなきゃね

れん〈連絡《れんらく》〉

大事《だいじ》なお知《し》らせを伝《つた》えよう

まる子《こ》っ！ あしたの 参観日《さんかんび》のこと お母《かあ》さんに知《し》らせてくれなきゃ だめでしょ！
そういえば プリント わたすのを わすれてた……
はっ

そう〈相談《そうだん》〉

こまったことは相談《そうだん》しよう

今《いま》なやんでて…
そう なにか あったの？
もしツチノコを 見《み》つけて 賞金《しょうきん》もらったら なにに使《つか》おうかと…
………

きちんと「ほう・れん・そう」しておけば、おうちの人《ひと》も安心《あんしん》だし、トラブルも防《ふせ》げるよ

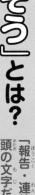

ぬまっちのツボ

4

「ほう・れん・そう」で失敗《しっぱい》を成功《せいこう》のタネに！

「ほう・れん・そうだけは、しっかりしろよ」

新学期《しんがっき》の初日《しょにち》、ボクはクラスの子《こ》どもたちに必《かなら》ず伝《つた》えます。

「なにか悪《わる》いことをしてしまったとき、失敗《しっぱい》してしまったときは、かくさずにちゃんと報告《ほうこく》して。もしボクに報告《ほうこく》してくれたら、どんなことがあっても全力《ぜんりょく》で守《まも》ってあげるから」

失敗《しっぱい》は、すぐに認《みと》めてあやまればどうってことないのに、ほうっておくとどんどんたまる。そうなってからあやまっても、いやな気持《きも》ちが残《のこ》るんだ。

失敗《しっぱい》を認《みと》めなければ失敗《しっぱい》のままだけど、失敗《しっぱい》を受《う》け入《い》れて、原因《げんいん》を分析《ぶんせき》して、成功《せいこう》するように工夫《くふう》していけば、その失敗《しっぱい》は、成功《せいこう》のためのタネになるんだよ。

もちろん報告《ほうこく》を受《う》けても失敗《しっぱい》をせめたり、とがめたりしないよ。失敗《しっぱい》をくりかえさないように、いっしょに原因《げんいん》を考《かんが》えよう。そうして乗《の》り越《こ》えていくなかで、信《しん》らい関係《かんけい》ができあがっていくんだ。

正直《しょうじき》にいうね…おじいちゃんの大切《たいせつ》にしてた花《か》びんをわっちゃって…
ま…まる子《こ》……
ひしっ
あれはもともとひびが入《はい》っていたのじゃ正直者《しょうじきもの》のまる子《こ》はえらい！
え――っっ

第《だい》4章《しょう》

お出《で》かけしよう

1
電《でん》車《しゃ》・バスに乗《の》るときは
買《か》いものに行《い》くことになったまる子《こ》たち
2 〇〇・〇〇 行き
あっ 電車《でんしゃ》来《き》てるかも!
ダダッ
まる子《こ》! あぶない!
階段《かいだん》やホームで走《はし》ったら人《ひと》にぶつかったりしてあぶないよ
気《き》をつけなきゃ
ごめんなさ〜い
ホームのはしに立《た》つと落《お》ちることもあるから線《せん》の内側《うちがわ》を歩《ある》こうね
プオーーン
あっ 電車《でんしゃ》来《き》た!

早《はや》く乗《の》ろう
こら まる子《こ》!
とびらの前《まえ》は広《ひろ》くあけて乗《の》っている人《ひと》が先《さき》におりるまで待《ま》つのよ
し…失礼《しつれい》しました
とびらがしまります
プルルル…
あっ
ガシッ
あぶないリュックが!!
バッ
だいじょうぶ?
ありがとうございます
気をつけてね
かけこみ乗車《じょうしゃ》は事故《じこ》のもとだなあ
わたしも気《き》をつけなきゃ…

電車《でんしゃ》やバスのマナー

こんできたね
おくからつめてつり革《かわ》や手《て》すりを持《も》つとゆれても転《ころ》ばないわよ
まる子《こ》はつり革《かわ》に届《とど》かないから手《て》すりを持《も》つよ
○○駅《えき》──
○○駅《えき》──
あっついた
すみませんおりまーす
はいどうぞ
こんでいるときはまる子《こ》みたいにひとことというとスムーズね
まる子《こ》なかなかやるじゃない
えへへ

コラム 6

車《くるま》に乗《の》るときは

車《くるま》はべんりだけど気《き》をつけることもいっぱい！

トイレに行《い》きたい でも車《くるま》を止《と》められない…

乗《の》る前《まえ》にトイレをすませておこう

あぶない

窓《まど》から顔《かお》や手《て》を出《だ》したり、ものを投《な》げたりすてたりしないでね

おっと
地図

運転手《うんてんしゅ》のじゃまになるとあぶないよ

急《きゅう》には止《と》められないよ！
ははきそう…

乗《の》りものよいをしたら早《はや》めにいおう

くつのドロやよごれを落《お》としてから乗《の》ろう

わっ！

駐車場《ちゅうしゃじょう》では車《くるま》の後《うし》ろに立《た》たない、しゃがまない、車《くるま》のかげからとび出《だ》さない

シートベルトをしめないと…
キキッ

シートベルトをしめよう

ドアをあけるときは、まわりの車《くるま》や人《ひと》に注意《ちゅうい》してね

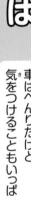

② 店《みせ》で買《か》いもの

まる子《こ》
文房具売場《ぶんぼうぐうりば》に
行《い》きた〜い
3階《かい》ね
エレベーターに
乗《の》りましょう
まる子《こ》
エレベーターも
電車《でんしゃ》と同《おな》じで
ドアの前《まえ》を
あけて待《ま》って
おりる人《ひと》を先《さき》に
通《とお》すのよ
今回《こんかい》は失敗《しっぱい》
しないよ!
先《さき》に待《ま》っていた人《ひと》から
順番《じゅんばん》に乗《の》って
おくからつめて
…と
あっ
行《い》きたい階《かい》の
ボタンが
おせない

3階《かい》お願《ねが》いします
…
ありがとうございます
こんでいるときはお願《ねが》いすればいいんだね
ふむふむ
チーン
2階《かい》でございます
おりる人《ひと》に入口《いりぐち》をあけて
ありがとうございます
自分《じぶん》が入口《いりぐち》をふさいでいたら
一度《いちど》エレベーターからおりようね
まだおりる人《ひと》がいる場合《ばあい》は「開《かい》」のボタンをおしてあげてね
すみません
お姉《ねえ》ちゃんエレベーターガールみたいでかっこいい〜
エレベーターの中《なか》ではしずかに！
しーっ

チーン
3階《かい》ですよ
ありがとうございます！
わあっ どれもかわいいな～
カラーペン
NOTE
うわー
買《か》わないものはもとの場所《ばしょ》にもどしてね
はあっ
はあっ
わかってるよ～
あ～ん でも これも これも買《か》いたくなっちゃうよ～
本当《ほんとう》にほしいものだけにしないとおこづかいが足《た》りなくなるわよ
そーだ そーだ
はあ～い
けしごむ
ーペン

ズラーーーッ
あっ ならんでる！
レジレジ♪
よし！ これに しよう
あれ？
レジは3つ《みっ》 あるけど 列《れつ》は1列《れつ》…？
これは フォークならび というんですよ
レジ
レジ
レジ
あいたレジから進《すす》めるので、不《ふ》平等《びょうどう》に待《ま》つことがなくなる
お会計
なるほど あいたレジから 順番《じゅんばん》に行《い》けるから 列《れつ》が早《はや》く進《すす》むね！
ありがとう ございました
買《か》ってきたよ
次《つぎ》は 地下《ちか》に 行《い》くよ

手《て》すりを持《も》って立《た》つのよ
ドタドタ
逆走《ぎゃくそう》ーっ
わっ
エスカレーターで走《はし》ったらあぶない！
バタバタ…
逆方向《ぎゃくほうこう》に進《すす》んだり手《て》すりから乗《の》り出《だ》すのもあぶないよ
おそうざい
わーい カートだ〜
カートで遊《あそ》んだらほかの人《ひと》にぶつかるかもしれないから気《き》をつけてね
は〜い

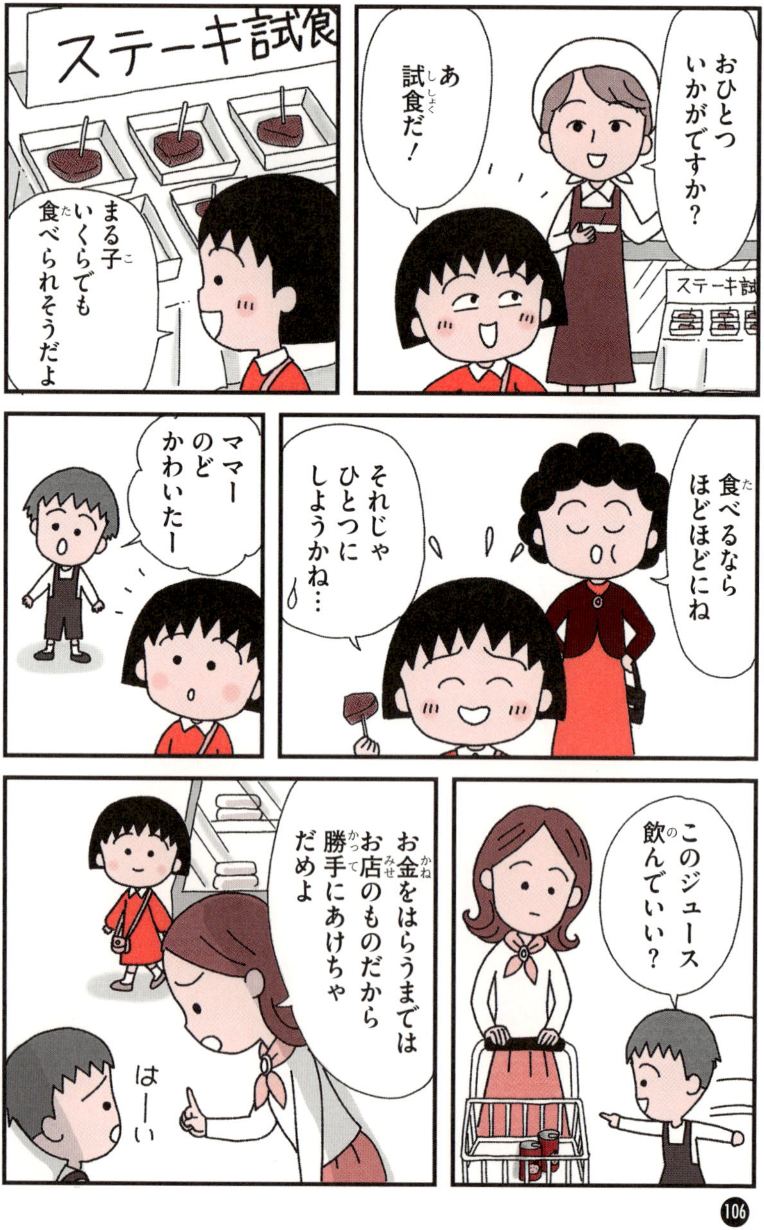
おひとつ いかがですか？
あ 試食《ししょく》だ！
ステーキ試食
まる子《こ》 いくらでも 食《た》べられそうだよ
食《た》べるなら ほどほどにね
それじゃ ひとつに しようかね…
ママー のど かわいたー
このジュース 飲《の》んでいい？
お金《かね》をはらうまでは お店《みせ》のものだから 勝手《かって》にあけちゃ だめよ
はーい

あ
ケーキ作《つく》ってる!!
さて あと買《か》いものは…
あれ?まる子《こ》は!?
えっ
和菓子
まる子《こ》!?
解体ショー
まる子《こ》――
こっちはまぐろの解体ショーすごいねえ
買《か》いものは楽《たの》しくて
見《み》どころいっぱい
しかし30分《ぷん》後《ご》…
まる子《こ》は館内放送《かんないほうそう》で
「さくらももこちゃん 9さい」
と呼《よ》ばれたのであった
チーン

コラム 7

博《はく》物《ぶつ》館《かん》・美《び》術《じゅつ》館《かん》・映《えい》画《が》館《かん》・劇《げき》場《じょう》

みんなが気持《きも》ちよく見学《けんがく》できるよう、どんなことに気《き》をつければいいかな?

映画館《えいがかん》・劇場《げきじょう》

3 レストランで

わーい
レストランだー♪
ダダッ
あっまる子《こ》待《ま》って！
入口《いりぐち》で順番《じゅんばん》を待《ま》つのよ
なん名様《めいさま》ですか？
４名《めい》です
こちらのお席《せき》へどうぞ

スパゲティーにしようかな～
えらんだらメニューをお姉《ねえ》ちゃんにもまわしてね
はい
MENU
MENU
あたしはハンバーグ
オレはどっちにしようかな
MENU
あの人《ひと》が食《た》べているハンバーグもおいしそうだなあ
両方《りょうほう》たのんでいい？
ほかの人《ひと》の料理《りょうり》を指《ゆび》ささない！
両方《りょうほう》たのんで食《た》べきれるの？
そうだよね
まる子《こ》はやっぱりスパゲティーがいいな

お決《き》まりですか？
じゃあ ハンバーグを２《ふた》つ スパゲティーを２《ふた》つ お願《ねが》いします
ママー ちょっと お店《みせ》の中《なか》 探検《たんけん》して きてもいい？
食《た》べている 人《ひと》のじゃまに なるから 歩《ある》き回《まわ》ったり さわがしく しないでね
は〜い
スパゲティー お待《ま》たせ しました
わあ おいしそう！
いただきまー …あっ
ほかの人《ひと》の料理《りょうり》が そろうまで 待《ま》つのが理想《りそう》 だけど
のびたり 冷《さ》めたり しないよう お先《さき》にどうぞ
では お先《さき》に いただきます！

洋食《ようしょく》のテーブルマナー

ナイフは右手《みぎて》、フォークは左手《ひだりて》で、図《ず》のように持《も》とう。

ナイフとフォークは外側《そとがわ》から順番《じゅんばん》に使《つか》おう。

フォークでおさえ、ナイフを手前《てまえ》にひくようにして切《き》り、さしたひと口《くち》を食《た》べよう。

置《お》きかた

食事中《しょくじちゅう》

ナイフは刃《は》を内側《うちがわ》に、フォークは背《せ》を上《うえ》にして、八《はち》の字《じ》になるように置《お》こう。

食後《しょくご》

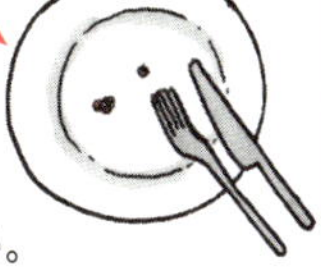

ナイフは刃《は》を内側《うちがわ》に、フォークは背《せ》を下《した》にして、そろえて置《お》こう。

✕ 顔《かお》をお皿《さら》に近《ちか》づけすぎるとかっこわるいよ。

スープ

スープは手前《てまえ》から向《む》こう側《がわ》へすくい、

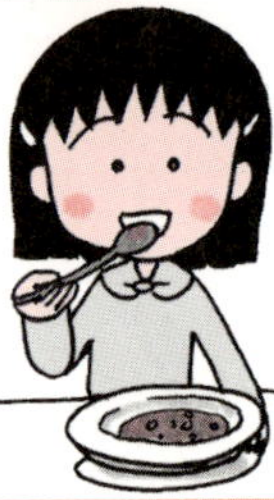

音《おと》を立《た》てないようにひと口《くち》で飲《の》もう。

✕ フォークやスプーンをふりまわすとあぶないよ。

✕ 服《ふく》で口《くち》をふくと服《ふく》がよごれちゃう！

あっ

落《お》としたフォークやスプーンは自分《じぶん》でひろわず、お店《みせ》の人《ひと》を呼《よ》ぼう。

あーおいしかった！きょうでマナーもバッチリだね！またつれてきてね
まる子《こ》の そのそそっかしい性格《せいかく》が直《なお》ったらな
え〜〜〜

じゃあ そろそろ 帰《かえ》るか
ごちそう さまでした
お会計《かいけい》を
あ…
あれ？
さいふ わすれたかも…
えーーっ
お姉《ねえ》ちゃん わたしたち どうなるの!?
まる子《こ》のそそっかしさは 父《ちち》に似《に》たのだと だれもが思《おも》った瞬間《しゅんかん》で あった……

コラム 8

回《かい》転《てん》ずし・ビュッフェ・ファストフード

回転《かいてん》ずし

✕ 食《た》べる量《りょう》やはやさをきょうそうしないでね。

✕ 一度《いちど》手《て》をつけた皿《さら》は必《かなら》ず取《と》り、もどさないでね。

ビュッフェ

○ 料理《りょうり》を取《と》るときは順番《じゅんばん》にならぼう。

○ 食《た》べられる分《ぶん》だけを取《と》り、残《のこ》さないようにしよう。

ファストフード

○ 席《せき》をせんりょうしないでね。

○ 自分《じぶん》で食《た》べものをはこび、食《た》べおわったら自分《じぶん》で片《かた》づけよう。

第《だい》5章《しょう》

敬《けい》語《ご》・電《でん》話《わ》・手《て》紙《がみ》のマナー

1 敬語《けいご》をマスターしよう

敬《けい》語《ご》いろいろ

尊《そん》敬《けい》語《ご》

相《あい》手《て》の行《こう》動《どう》をうやまう表《ひょう》現《げん》。
相《あい》手《て》を立《た》てたいときに使《つか》うよ。

例《れい》1　お父《とう》さんはいますか？
← お父《とう》さんはいらっしゃいますか？

例《れい》2　先《せん》生《せい》がいっていた。
← 先《せん》生《せい》がおっしゃっていた。

わたしが書《か》いた本《ほん》ごらんになって
花輪《はなわ》クンとのラブストーリー……
ごらんになる＝尊敬語《そんけいご》

謙《けん》譲《じょう》語《ご》

自《じ》分《ぶん》や身《み》内《うち》の行《こう》動《どう》をへりくだる表《ひょう》現《げん》。自《じ》分《ぶん》を下《さ》げることで相《あい》手《て》を立《た》てたいときに使《つか》うよ。

例《れい》1　おみやげをもらった。
← おみやげをいただいた。

例《れい》2　母《はは》がお礼《れい》をいっていました。
← 母《はは》がお礼《れい》を申《もう》していました。

もしよろしければ差《さ》し上《あ》げますわ
差《さ》し上《あ》げる＝謙《けん》譲《じょう》語《ご》

丁《てい》寧《ねい》語《ご》

話《はな》し手《て》が聞《き》き手《て》に敬《けい》意《い》を表《あらわ》して丁《てい》寧《ねい》に話《はな》すときに使《つか》うよ。

例《れい》1　まる子《こ》は小《しょう》学《がく》生《せい》だ。
← まる子《こ》は小《しょう》学《がく》生《せい》です。

例《れい》2　今《いま》、行《い》く。
← 今《いま》、行《い》きます。

あ……ありがとうございます……
いやとはいえないまる子《こ》であった
ございます＝丁寧語

「お」や
「ご」をつけると、
より丁寧《ていねい》になるよ。

例《れい》 **お名前《なまえ》**
お知《し》らせ
ご相談《そうだん》
ご案内《あんない》 など

「おジュース」など外来語《がいらいご》につけると不自然《ふしぜん》になるので気《き》をつけよう

自分《じぶん》のことを
「オレは〜」
「〇〇(自分《じぶん》の名前《なまえ》)
はね〜」
などと呼《よ》ばず
「ぼく」
「わたし」というと
しっかりして見《み》えるよ。

わたしが学級委員《がっきゅういいん》の丸尾《まるお》です!

あらたまった場《ば》では
「お父《とう》さん」「お母《かあ》さん」
「パパ」「ママ」ではなく
「父《ちち》」「母《はは》」というと
大人《おとな》っぽいね。

わたしの父《ちち》のしゅみはカメラです

敬語《けいご》についてもっとくわしく知《し》りたい人《ひと》は『ちびまる子《こ》ちゃんの敬語教室《けいごきょうしつ》』を読《よ》んでね!
敬語教室

さっきの先生《せんせい》へのことばを敬語《けいご》に直《なお》すと…
先生《せんせい》ー これ お母《かあ》さんが先生《せんせい》にっていってた手紙《てがみ》〜

「先生《せんせい》　こちら母《はは》から先生《せんせい》におわたしするようにいわれた手紙《てがみ》です」…かな
さくらさん　よくできましたね
きちんと敬語《けいご》を使《つか》うことで相手《あいて》に敬意《けいい》を持《も》っていることが伝《つた》わるよね
そうか　丸尾《まるお》くんが自分《じぶん》のことを「わたくし」っていうのもそういう理由《りゆう》だったんだね
さくらさん　わかっていただけましたか？
学級委員選挙《がっきゅういいんせんきょ》のために　そういういいかたをしてると思《おも》ってたよ
なんてことをさくらさん！
でも　たしかにもうすぐ選挙《せんきょ》の季節《きせつ》でしょう！
ぜひ次の学級委員も丸尾に一票を！
………

2 電話《でんわ》に出《で》るとき・かけるとき

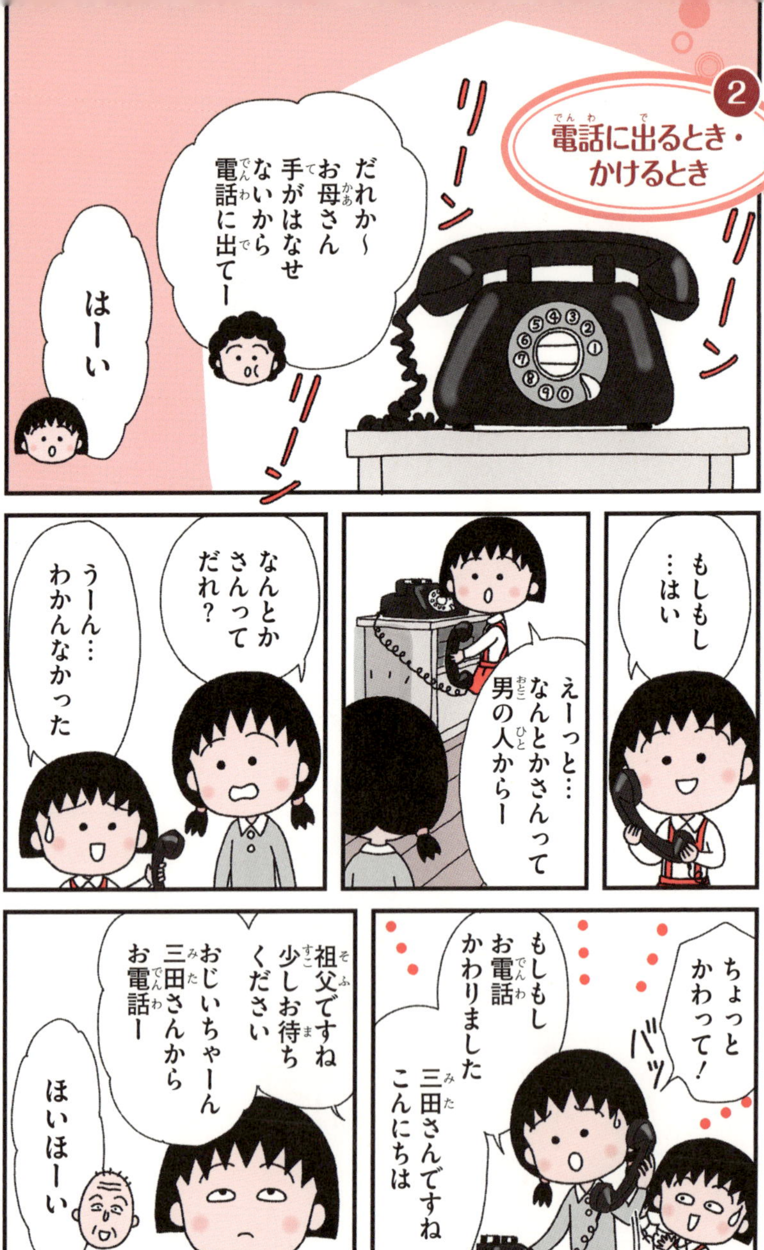

もしもし
お姉《ねえ》ちゃん 電話《でんわ》の 受《う》け答《こた》えって どうやるの？
電話《でんわ》をとったら まず名前《なまえ》を 聞《き》くのよ
もし聞《き》きとれ なかったら
「申《もう》しわけありませんが お名前《なまえ》をもう一度《いちど》 お願《ねが》いできますか？」 ってたずねるの
へーえ
はい それでは 失礼《しつれい》 いたします
そ〜っ
チン
おじいちゃん そんなにゆっくり 受話器《じゅわき》を 置《お》くのは どうして？
電話《でんわ》を切《き》るときは ゆっくり切《き》るのが マナーなのよ
すぐに 切《き》れたら 感《かん》じがよくない でしょ
そうかー
じゃよ

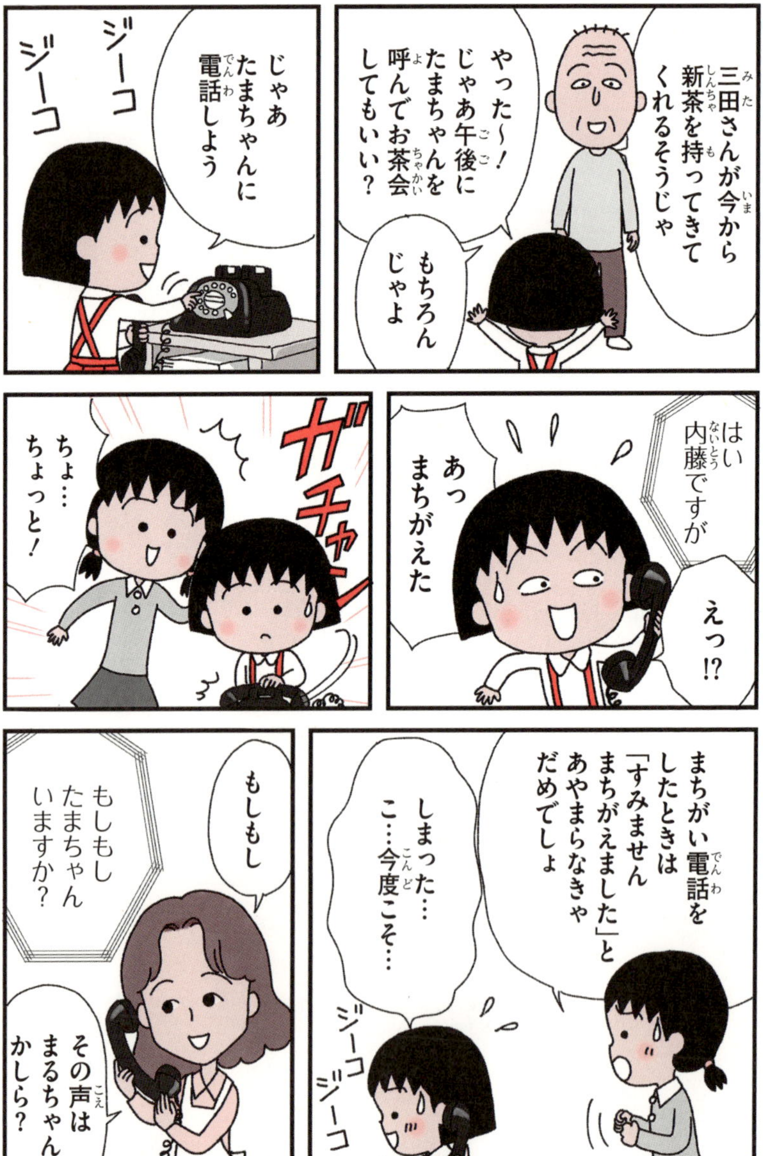
三田《みた》さんが今《いま》から新茶《しんちゃ》を持《も》ってきてくれるそうじゃ
やった〜！じゃあ午後《ごご》にたまちゃんを呼《よ》んでお茶会《ちゃかい》してもいい？
もちろんじゃよ
じゃあたまちゃんに電話《でんわ》しよう
ジーコジーコ
はい内藤《ないとう》ですが
えっ!?
あっまちがえた
ガチャ
ちょ…ちょっと！
まちがい電話《でんわ》をしたときは「すみませんまちがえました」とあやまらなきゃだめでしょ
しまった…こ…今度《こんど》こそ…
ジーコジーコ
もしもし
もしもしたまちゃんいますか？
その声《こえ》はまるちゃんかしら？

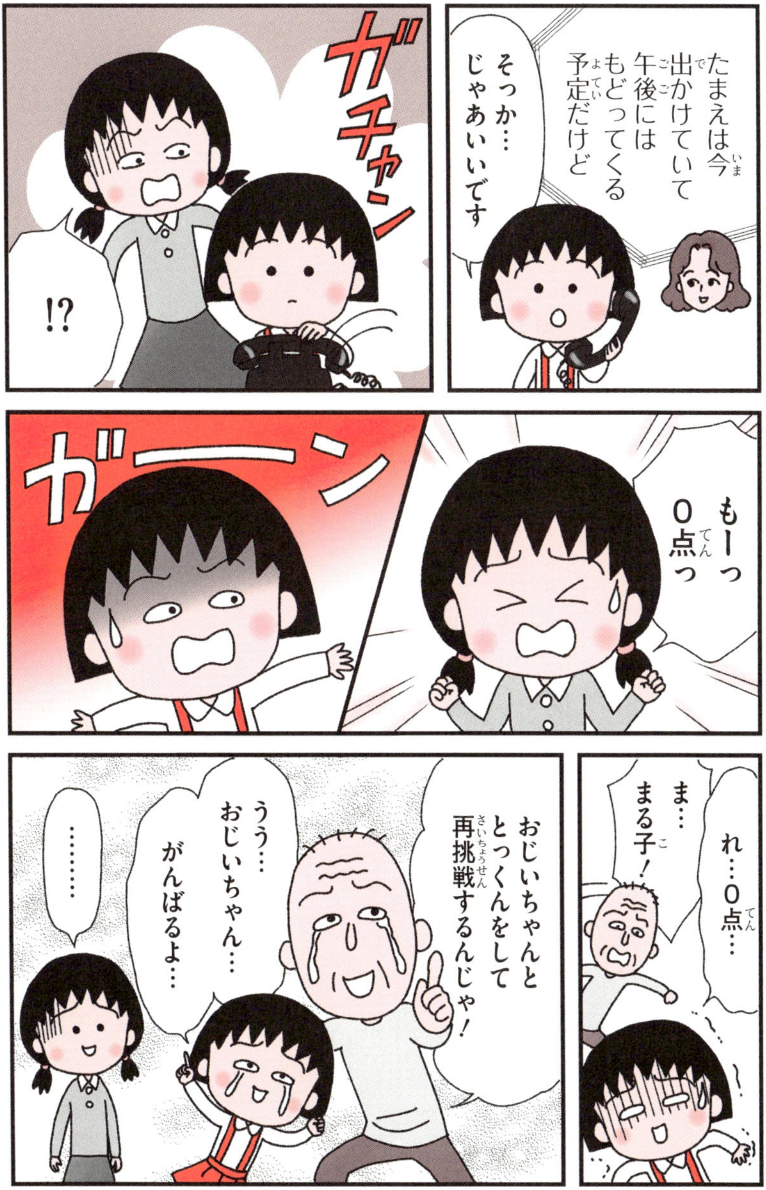
たまえは今《いま》出《で》かけていて午後《ごご》にはもどってくる予定《よてい》だけど
そっか…じゃあいいです
ガチャン
!?
もーっ0点《てん》っ
ガーーン
れ…0点《てん》…
ま…まる子《こ》!
おじいちゃんととっくんをして再挑戦《さいちょうせん》するんじゃ!
うう…おじいちゃん…がんばるよ…
………

こうして血《ち》のにじむような(?)とっくんをしたまる子《こ》…
だめじゃもう一回《いっかい》
もしもしえーと
よし 努力《どりょく》の成果《せいか》を見《み》せてみるのじゃ!
はあ…
や…やってみるよ
ジーコ
ジーコ
もしもし
たびたび失礼《しつれい》いたしますさくらと申《もう》しますが穂波《ほなみ》さんのお宅《たく》でしょうか
あらまるちゃん
たまえさんはいらっしゃいますか?
あら ちょうど帰《かえ》ってきたわちょっと待《ま》ってね
ただいまー!
もしもしまるちゃん?
たまちゃん今《いま》話《はな》してもだいじょうぶ?
だいじょうぶだよどうしたの?

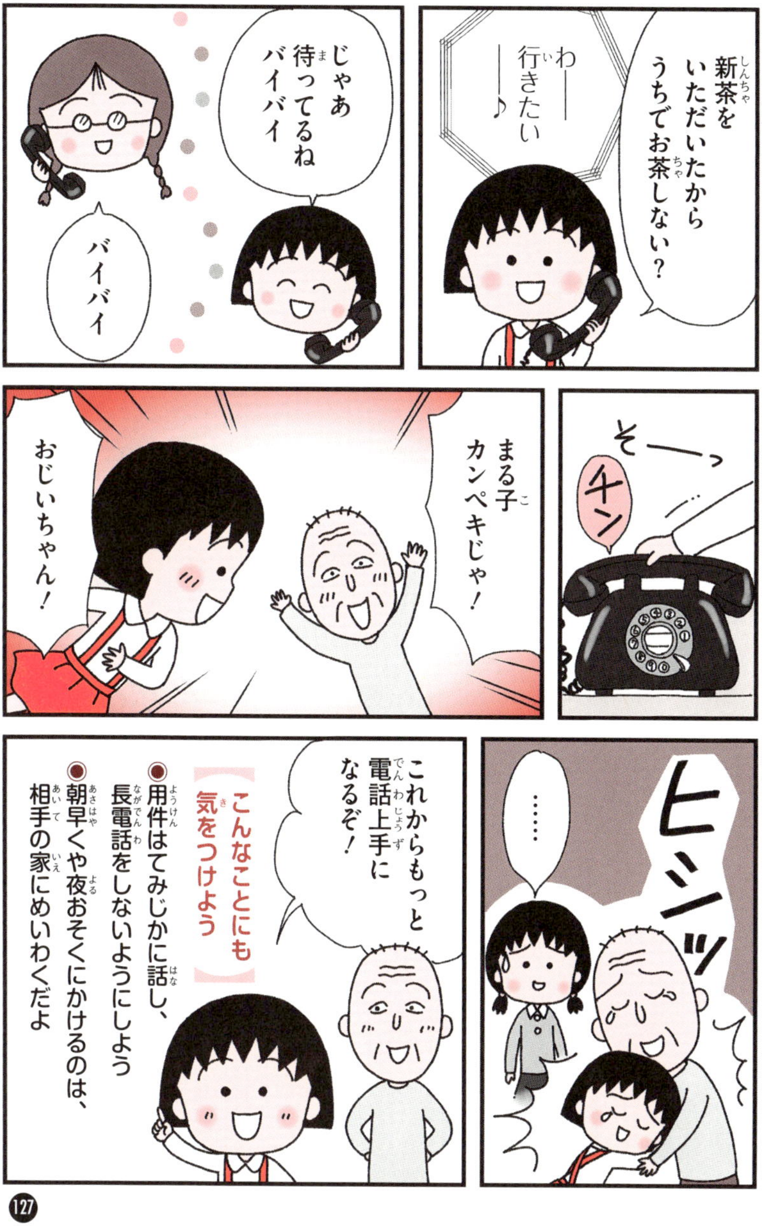
新茶《しんちゃ》をいただいたからうちでお茶《ちゃ》しない？
わーー行《い》きたいーー♪
じゃあ待《ま》ってるねバイバイ
バイバイ
そーっ
チン
まる子《こ》カンペキじゃ！
おじいちゃん！
ヒシッ
……
これからもっと電話上手《でんわじょうず》になるぞ！
こんなことにも気《き》をつけよう
●用件《ようけん》はてみじかに話《はな》し、長電話《ながでんわ》をしないようにしよう
●朝早《あさはや》くや夜《よる》おそくにかけるのは、相手《あいて》の家《いえ》にめいわくだよ

③ はがき・手紙《てがみ》を出《だ》そう

はがきの書《か》きかた

① **送《おく》りたい相手《あいて》の氏名《しめい》**を紙面《しめん》の中央《ちゅうおう》に大《おお》きめに書《か》いて、名前《なまえ》に「**様**《さま》」をつけよう。個人《こじん》ではなく**会社《かいしゃ》や学校《がっこう》などの団体《だんたい》**に出《だ》す場合《ばあい》には「**御中**《おんちゅう》」とつけるよ。

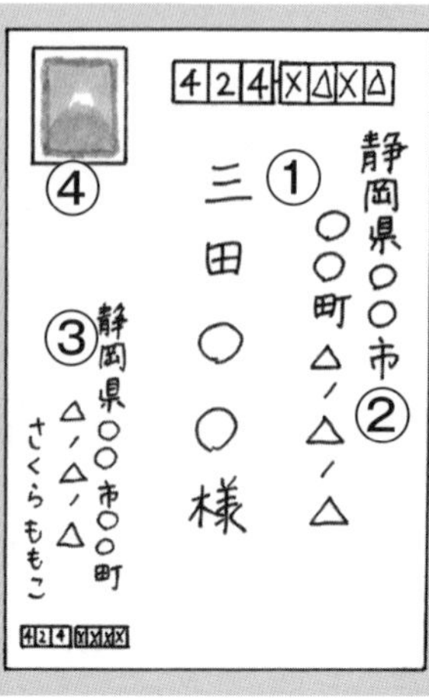

② **住所**《じゅうしょ》は、氏名《しめい》よりやや小《ちい》さい字《じ》で。区切《くぎ》りのよいところで改行《かいぎょう》しよう。**郵便番号**《ゆうびんばんごう》も書《か》こう。

③ **差《さ》し出《だ》し人《にん》**（**自分**《じぶん》）**の住所《じゅうしょ》・氏名《しめい》**は、相手《あいて》のあて先《さき》よりも小《ちい》さい字《じ》で。

④ 決《き》められた料金《りょうきん》の**切手**《きって》をはろう。

よし 書《か》けた！
もし ふうとうに 書《か》く場合《ばあい》は 自分《じぶん》の住所《じゅうしょ》や 名前《なまえ》は あて名《な》のうらに 書《か》くんだよね
ふたりとも ていねいな ことばと字《じ》で 上手《じょうず》に書《か》けて おるのう
えへへ
じゃあ 出《だ》しに行《い》こう
あっ まるちゃん！ これ…
ありがとうご
新茶 とても
おいもかったて
ともだちと
「おいしかった」と 書《か》きたかったのに 「おいもかった」に なってる…
まるちゃん…
書《か》き直《なお》さ なくちゃ
手紙《てがみ》を送《おく》るときは 出《だ》す前《まえ》に 読《よ》み直《なお》そうね！

けいたい電話《でんわ》・メール・SNS《エスエヌエス》・インターネット

メールやインターネットはとってもべんり！　でも使《つか》いかたをまちがえるとトラブルになることも。マナーを守《まも》って使《つか》おうね

けいたい電話《でんわ》

歩《ある》きながら、自転車《じてんしゃ》に乗《の》りながらなど「ながらけいたい」はしないでね

ぶつかったりして あぶないよ。

病院《びょういん》など禁止《きんし》されているところでは使《つか》わないでね

まわりの人《ひと》にめいわくだよ。

さつえい禁止《きんし》のところでは写真《しゃしん》をとらないでね

勝手《かって》に写真《しゃしん》をとられると、こまる人《ひと》や店《みせ》もあるよ。

メール・SNS《エスエヌエス》

SNS《エスエヌエス》（ソーシャル・ネットワーキング・サービス）とは、LINE《ライン》やツイッターなどインターネット上《じょう》で人《ひと》と交流《こうりゅう》できるサービスのこと。楽《たの》しいけれど、トラブルには気《き》をつけよう。

相手《あいて》にわかってもらえるように具体的《ぐたいてき》に書《か》こう

表情《ひょうじょう》や口調《くちょう》が伝《つた》わらないため、ごかいも起《お》きやすいよ。

うそや悪口《わるぐち》、人《ひと》を傷《きず》つけることばは書《か》かないでね

送《おく》る前《まえ》に必《かなら》ず読《よ》み返《かえ》そう！

知《し》らない人《ひと》からのメールや友《とも》だちしんせいは無視《むし》しよう

メールに添付《てんぷ》されたファイルをあけただけで、スマホやパソコンがこわれたり、データをぬすまれたりすることがあるよ。

返信《へんしん》はのんびり待《ま》とう

すぐに返信《へんしん》できない理由《りゆう》もあるはず。

人《ひと》の連絡先《れんらくさき》は勝手《かって》にほかの人《ひと》に教《おし》えず、必《かなら》ず許可《きょか》をもらってから

もらったメール・メッセージを勝手《かって》に他人《たにん》に見《み》せるのもNG《エヌジー》！

インターネット

個人情報《こじんじょうほう》や画像《がぞう》を不特定多数《ふとくていたすう》が見《み》られるインターネットに書《か》きこまないでね

この子《こ》の
名前《なまえ》
学校名《がっこうめい》
住所《じゅうしょ》が
わかったぞ
……

一度《いちど》インターネットにあげてしまうと、削除《さくじょ》してもコピーが広《ひろ》がる可能性《かのうせい》があるよ。

情報《じょうほう》をそのまま信《しん》じないで！

デマニュース
サーカスのゾウが逃《に》げた！
うちの近所《きんじょ》じゃん！ ユリやリエにも知《し》らせなきゃ

信《しん》じられる情報《じょうほう》かよく考《かんが》えよう。

人《ひと》の悪口《わるぐち》を書《か》かないでね

ミカが掲示板《けいじばん》でリエの悪口《わるぐち》いってたよ 転送《てんそう》するね
リエって太《ふと》ってるよね
ひどい！

だれもが見《み》られるからこそ、トラブルが大《おお》きくなるよ。

ゲームやテレビ、SNS《エスエヌエス》やインターネットは時間《じかん》を決《き》めて、夜《よる》おそくまでやらないようにしよう

もう消《け》す時間《じかん》だね
電源《でんげん》を切《き》る

- ほかのことをする時間《じかん》がなくなるし、目《め》も悪《わる》くなるよ。
- パソコンやスマホ、液晶《えきしょう》テレビのブルーライトは夜《よる》に見《み》すぎるとねむれなくなるよ。

第《だい》❻章《しょう》 友《とも》だちとのつき合《あ》いかた

1
友《とも》だちになろう
みなさん 短《みじか》い間《あいだ》ですが このクラスに お友《とも》だちが 来《き》ました
お―――っ
鈴木《すずき》エミリーです
父《ちち》の仕事《しごと》の都合《つごう》で 3か月《げつ》だけ 日本《にほん》にいます
それでは いい機会《きかい》ですので ひとりずつ 鈴木《すずき》さんに 自己紹介《じこしょうかい》しましょうか
えー
ザワ ザワ
なにを 話《はな》せば いいの かな
はずかしい なあ…
ザワ…

鈴木《すずき》さんが早《はや》く このクラスになじめるよう 自分《じぶん》のことを話《はな》して みましょう
では この列《れつ》から 順番《じゅんばん》にお願《ねが》いします
えっ… あっ…オレ… ボクは山根《やまね》…
えっと…
えっと…
声《こえ》が小《ちい》さいと なにをいって いるのか わかんないね
野口《のぐち》です… 好《す》きな食《た》べものは たらこ です…
クククッ
たらこ って!
好《す》きなものを 紹介《しょうかい》するのは いいね
わたしの名前《なまえ》は 土橋《つちはし》です 好《す》きな食《た》べものは クッキーです
ボ…ボクは… チャーハンです 好《す》きな食《た》べものは 西村《にしむら》です
きんちょうして 名前《なまえ》と 好《す》きな食《た》べものが ひっくり返《かえ》って いる!!

わたしは丸尾末男《まるおすえお》
ズバリ12月《がつ》31日《にち》生まれなので
年末《ねんまつ》の「末《すえ》」に「男《おとこ》」でスエオと
名《な》づけられたでしょう！
なるほど
名前《なまえ》の漢字《かんじ》や
由来《ゆらい》を説明《せつめい》するのも
おもしろいかも
え…
あ…
次《つぎ》の学級委員選挙《がっきゅういいんせんきょ》では
丸尾末男《まるおすえお》にどうか
清《きよ》き一票《いっぴょう》を！
ズッ
ハロー マイネームイズ
カズヒコ ハナワ…
あっ ソーリー
ボクは
英会話《えいかいわ》を
習《なら》っているから
英語《えいご》がまじっちゃうんだ
よろしく
ベイビー
シャラーン
ま…まあ…
しゅみや
習《なら》いごとの
ことを
話《はな》すのも
いいかもね…
さくらさん
次《つぎ》 キミの番《ばん》だよ
ハッ
ガタッ

さ…さくらももこです！
えーわたしはちいさいから「ちびまる」に「子《こ》」をつけて「ちびまる子《こ》」で
友《とも》だちには「まるちゃん」と呼《よ》ばれています
よろしくお願《ねが》いします！
少《すこ》し工夫《くふう》するととても楽《たの》しい自己紹介《じこしょうかい》になりますね
クラスがえのときなどにも自己紹介《じこしょうかい》をすると思《おも》いますが
友《とも》だちづくりのチャンスですからそんなときはぜひ自分《じぶん》をみんなにアピールしてみましょう
□月△日
はーーーい
休《やす》み時間《じかん》
ドキドキするけど自分《じぶん》から話《はな》しかけてみよう！
鈴木《すずき》さん
わたしまる子《こ》だよよろしくね

よろしく！エミリーって呼《よ》んでね
エミリーちゃんはなにして遊《あそ》ぶのが好《す》き？
う〜ん 絵《え》をかくことかなあ…
まる子《こ》も好《す》きだよ じゃあいっしょにお絵《え》かきしようよ
うん！
うっわ〜 エミリーちゃんの絵《え》すっごく上手《じょうず》！
ありがとう！まるちゃんも…
まる子
こづかいじゃよ
1000
おじいちゃん
…味《あじ》のある絵《え》だね…
えへへ そーお？
相手《あいて》のいいところを見《み》つけてほめるのは友《とも》だちになる極意《ごくい》！

コラム 10

聞《き》き上手《じょうず》・話《はな》し上手《じょうず》になろう！

「聞《き》き上手《じょうず》」のコツ

話《はな》している人《ひと》をしっかり見《み》て、うなずいたり、あいづちを打《う》ったりしよう。

（「あ～」＝共感《きょうかん》
「お～」＝共感《きょうかん》とおどろき）

人《ひと》の話《はなし》をすぐに否定《ひてい》すると相手《あいて》はいやな気持《きも》ちになるよ。

人《ひと》の話《はなし》をさえぎったり横取《よこど》りしたりせず、最後《さいご》まで聞《き》こう。

くちびるのはしを上《あ》げ、ほほえんだ目《め》で印象《いんしょう》アップ！

「話《はな》し上手《じょうず》は聞《き》き上手《じょうず》」ということわざもあるんじゃよ。本当《ほんとう》に話《はなし》が上手《じょうず》な人《ひと》は、人《ひと》の話《はなし》をよく聞《き》いてから、自分《じぶん》の話《はなし》をする、という意味《いみ》なんじゃ。このコツを身《み》につけて、楽《たの》しく会話《かいわ》してみよう！

「話《はな》し上手《じょうず》」のコツ

相手《あいて》のつごうを考《かんが》えよう。今《いま》は話《はな》しかけてもよいタイミング？

相手《あいて》を見《み》て、ちょうどいい声《こえ》の大《おお》きさではっきりと話《はな》そう。

相手《あいて》にわかるように話《はな》そう。

相手《あいて》の意見《いけん》も聞《き》きながら話《はな》そう。

相手《あいて》との共通点《きょうつうてん》を見《み》つけ、楽《たの》しくお話《はな》ししよう。

だれかに質問《しつもん》されたら、あなたも質問《しつもん》してみよう。

2 親《した》しき仲《なか》にもマナーあり

そういえばテニスの試合《しあい》では…
勝《か》ったときは健闘《けんとう》をたたえ合《あ》い負《ま》けてもくやしい気持《きも》ちは心《こころ》にしまってあくしゅしているだろ？
でも負《ま》けるとムカつくんだよなあ
絶対《ぜったい》に負《ま》けない方法《ほうほう》があるよ
えっ
勝負《しょうぶ》しないことだよ勝《か》てないかわりに負《ま》けもしない
それじゃあ勝《か》ったときの喜《よろこ》びもないってこと？
勝《か》つのがうれしいのはがんばった人《ひと》たちの中《なか》で勝《か》てるからだからね
勝《か》つためには当然《とうぜん》負《ま》けることもある
……

カッとなって悪《わる》かったよ…またいっしょにやろうぜ
オレもいいすぎたよ…いい勝負《しょうぶ》だったよ…
小杉《こすぎ》が太《ふと》っているからボールを当《あ》てられやすくて負《ま》けたんじゃないの？
失敗《しっぱい》をせめたり体《からだ》のとくちょうをからかったりするのはよくないですぞ
冗談《じょうだん》だよ小杉《こすぎ》は気《き》にしないだろ？
う～ん…やっぱりそんなことをいわれたらいやだなあ
そうだったのか…ごめんもういわないよ
すばらしい！いやと思《おも》ったらことばに出《だ》して伝《つた》えたほうがいいでしょう！
さすが学級委員《がっきゅういいん》！前回《ぜんかい》のテストは長山《ながやま》に負《ま》けたくせにな～
人《ひと》の成績《せいせき》をいいふらすのもよくないでしょうっ！

キーンコーン
あー ドッジボール おもしろかった〜〜〜
ちょっと ボールを出《だ》しっぱなしに したらだめでしょ！
なんだよ 前田《まえだ》 うるさいなあ
なんですって!?
関口《せきぐち》くん 使《つか》いおわったら もとにもどして おいてね
おっ… おう
たまちゃん いいかた上手《じょうず》だね〜 前田《まえだ》さんのいうことは 聞《き》かない男子《だんし》も ちゃんということ 聞《き》いてるよ
「だめ」って いうよりも お願《ねが》いすると うまくいくって お母《かあ》さんが いってた から…
ゴミ袋 出しておいて くれる？
あ うん

なるほどー
前田《まえだ》さんって いつもいいかたが きついのよねー こないだも クラスの女子《じょし》泣《な》かしてたし～
オーベイビー 本人《ほんにん》のいないところで うわさ話《ばなし》をするのは 感心《かんしん》しないな
自分《じぶん》も かげで いわれているかもと 思《おも》われてしまうよ
わ…わたしが いったんじゃ ないの ほ…ほら さくらさんが いってたから
わたし そんなこと いってないよ!!
うそで ごまかさずに 本当《ほんとう》のことを いってあやまる ほうがかんたんだし 信《しん》らいされるよ
う…
ほ…本当《ほんとう》は わたしが いいました ごめんなさい!
だれでも まちがえる ことはあるさ 失敗《しっぱい》は成功《せいこう》のもと だよベイビー
花輪《はなわ》クン ありがとう!
サッ
花輪クーン
3年《ねん》4組《くみ》の みんなって すごく個性的《こせいてき》 だよね…

お互《たが》いの個性《こせい》を認《みと》め合《あ》っていてとてもいいクラスだと思《おも》うわ
へへっ そうかなー
いろいろな人《ひと》とつき合《あ》うと自分《じぶん》の個性《こせい》に気《き》づくこともできるしね
たしかに！わたしは人《ひと》にくらべるとズボラなとこあるかもって最近《さいきん》気《き》づいたよ
最近《さいきん》…!?
自分《じぶん》じゃわからないもんだよね
「それは前《まえ》から明白《めいはく》なことでは…」と思《おも》ったが口《くち》には出《だ》さないたまえであった……

コラム 11

人《ひと》づき合《あ》いの達人《たつじん》になろう！

遊《あそ》びにさそわれたとき

予定《よてい》がわからないときは期限《きげん》を決《き》めて答《こた》えよう。

今《いま》は予定《よてい》がわからないから○日《にち》までに返事《へんじ》するね
うん

ことわるときは、「またさそって」と、ひとことそえるといいね。

ありがとう今週《こんしゅう》は行《い》けないけどまたさそってね
うん

お客《きゃく》さんが来《く》るから遊《あそ》べなくなっちゃったごめんね
うんわかったよ

約束《やくそく》を守《まも》り、できそうにない約束《やくそく》はしないでね。とつぜん遊《あそ》べなくなったら、連絡《れんらく》してあやまろう。

ものをかりるとき

だまってかりるのではなく、許可《きょか》をもらってから、かりよう。

かしてください
いいよ

お金《かね》のかしかりはトラブルのもと！絶対《ぜったい》にやめようね。

お金《かね》をかしたけど返《かえ》してくれない…
100
10

たまちゃんこの本《ほん》かしてくれてありがとうすっごくおもしろかった！
でしょ～！

返《かえ》すときはお礼《れい》とともに感想《かんそう》も伝《つた》えよう。長《なが》い間《あいだ》かりっぱなしや、またがしはいけないよ。

ぬまっちのツボ 5

苦手《にがて》な人《ひと》がいたら、どうする？

苦手《にがて》な人《ひと》がいるのは当《あ》たり前《まえ》。でも、わざわざ近《ちか》よってけんかする必要《ひつよう》はないよね。そんな時《じ》間《かん》とパワーがあったら楽《たの》しいことに使《つか》おう！

なにか意見《いけん》はありませんか？
みぎわさん学級委員《がっきゅういいん》の仕事《しごと》を一生懸命《いっしょうけんめい》やっていてえらいな…

苦手《にがて》と思《おも》っている人《ひと》は、もしかしたらまだよく知《し》らないだけなのかもしれないね。むりしてつき合《あ》わずに、遠《とお》くから見《み》ていれば、その人《ひと》のいいところが見《み》えてくることもあるよ。

いやなことがあってキレそうになったら、ゆっくり数《かず》を5つ《いつ》かぞえる、深呼吸《しんこきゅう》する、その場《ば》をはなれるなどして、怒《いか》りの気《き》持《も》ちをコントロールできるようになろう。

1 2 3 4 5……
スー
ハー

3 話《はな》し合《あ》いにもコツがある

それでは学級会《がっきゅうかい》をはじめます
クイズ大会 正正正
音楽げき 正正正
きょうの議題《ぎだい》は今度《こんど》のクラス発表会《はっぴょうかい》でなにをするかです
現在《げんざい》 男子《だんし》と女子《じょし》で意見《いけん》が分《わ》かれていますが…
絶対《ぜったい》クイズ大会《たいかい》!
だよな～男子《だんし》みんなクイズにハマってるブー
クイズをやりたいのはわかったけどどんなふうにしたいのか話《はな》してください
じゃあ女子《じょし》はどうなんだよ!
音楽《おんがく》げきがいい理由《りゆう》をいってないじゃないかブー
うっ
城ヶ崎《じょうがさき》さん…
あ…あの…

わたしは音楽《おんがく》げきがいいです
みんなでいっしょにひとつのことをすればクラスがまとまると思《おも》うし
最初《さいしょ》に結論《けつろん》をいってそのあとに理由《りゆう》と具体例《ぐたいれい》を話《はな》す…さくらのくせにやるな…
歌《うた》ったりセリフいったりなんてはずかしいよ～
そうよねたしかにはずかしいと思《おも》う人《ひと》もいるかもしれないですけど
みんなの前《まえ》で発表《はっぴょう》することで成長《せいちょう》できるんじゃないかしら
どう思《おも》いますか?
う～んそういうこともあるかもしれない……
なるほど…まず相手《あいて》の意見《いけん》を否定《ひてい》しないで受《う》け入《い》れる…そうすると男子《だんし》も冷静《れいせい》に城《じょう》ケ《が》崎《さき》さんの意見《いけん》を聞《き》くことができるのか…

でもクイズは見《み》ている人《ひと》も参加《さんか》できて楽《たの》しいんじゃないかな?
その案《あん》はいいわね
音楽《おんがく》げきでも見《み》ている人《ひと》も参加《さんか》できるように間《あいだ》にクイズをはさんでみてはどうでしょうか
なるほどそういうこともできるか……
相手《あいて》と自分《じぶん》の共通点《きょうつうてん》をさがして取《と》り入《い》れれば
ちがう意見《いけん》の人《ひと》も「自分《じぶん》の意見《いけん》を聞《き》いてもらえた」と相手《あいて》の意見《いけん》に耳《みみ》をかたむける…
それではもう一度《いちど》多数決《たすうけつ》を取《と》ります
クイズを取《と》り入《い》れた音楽《おんがく》げきがいいと思《おも》う人《ひと》

では過半数《かはんすう》ですので音楽《おんがく》げきに決《き》まりました
パチパチ
まあしょうがねえな
決《き》まったからには本気《ほんき》でやるぜ！
たよりにしてるよ！
ふ…やはり話《はな》し合《あ》いのコツをつかんでいた女子《じょし》が勝《か》ったか……
さすがだったな…
永沢《ながさわ》なにひとりごといってるの？
ハッ

4 みんなの前《まえ》で発表《はっぴょう》しよう

メモすることは大事《だいじ》だけど それをそのまま 読《よ》むよりも 自分《じぶん》のことばで 話《はな》したほうが よく伝《つた》わるのさ
できるかなあ…
おうちの人《ひと》も いっぱい来《く》るん でしょ〜 きんちょうしちゃう
だれでもきんちょう するものなんだよ このボクですら するんだから
へ… へえ…
花輪《はなわ》クンでも あがるんだ…
そういうときは 深呼吸《しんこきゅう》するとか リラックスする ための トレーニングを するといいよ
あくびをすると リラックスする 人《ひと》もいるよ
ふあ〜〜っ
よし! きんちょう しない方法《ほうほう》を 見《み》つけて がんばるよ
ふわぁ〜あ
まるちゃん がんばってね!

そう！ 友《とも》だちが
おうえんしてくれたり
助《たす》けてくれたりするのは
力《ちから》になるものさ
クラス発表会《はっぴょうかい》
ガヤ
ガヤ
きんちょうしてきた…
だいじょうぶよ まるちゃん
がんばれ さくら！
う… うん！
パチ
パチ
パチ
クルッ

わ…わたしは よく ねぼうしたり わすれものをしたり 失敗《しっぱい》ばかりしています
だから最初《さいしょ》は 自分《じぶん》に自信《じしん》が ありませんでした
でも3年《ねん》4組《くみ》の みんなとマナーさがし をしていくうちに 気《き》づいたことが ありました
チャーハンです
わたしは ちいさいから 「ちびまる」に 「子」をつけて
失敗《しっぱい》はそこで やめてしまえば 失敗《しっぱい》のまま
でも失敗《しっぱい》の 原因《げんいん》をさがして 成功《せいこう》するように 工夫《くふう》していけば
使い終わったら 元にもどしてね
お…おう
どう思いますか？
「失敗《しっぱい》」はなくなって 「成功《せいこう》」のための タネになるんだ なって
そんな大切《たいせつ》なことを いっしょに学《まな》んだ 3年《ねん》4組《くみ》のなかまと いっしょうけんめい 練習《れんしゅう》した音楽《おんがく》げきです
ぜひ ごらんください

ワーーーッ
パチパチパチ
パチ
まるちゃんよかったよ！
さあ本番《ほんばん》だ！
全員《ぜんいん》せいいっぱいの力《ちから》を出《だ》しきろう！
よし行《い》こう！

――おわり――

ちびまる子《こ》ちゃんの

続《ぞく》慣用句《かんようく》教室《きょうしつ》
もっと慣用句《かんようく》に
くわしくなれる

慣用句《かんようく》教室《きょうしつ》
コラム慣用句《かんようく》
新聞入《しんぶんい》り

続《ぞく》四字熟語《よじじゅくご》教室《きょうしつ》
さらに四字熟語《よじじゅくご》に
くわしくなれる

四字熟語《よじじゅくご》教室《きょうしつ》
コラム四字熟語《よじじゅくご》
新聞入《しんぶんい》り

続《ぞく》ことわざ教室《きょうしつ》
いろはカルタ
まんが入《い》り

ことわざ教室《きょうしつ》
コラムことわざ
新聞入《しんぶんい》り

敬語《けいご》教室《きょうしつ》
コラム敬語新聞《けいごしんぶん》
入《い》り

語源《ごげん》教室《きょうしつ》
語源《ごげん》たんけん
ニュース入《い》り

俳句《はいく》教室《きょうしつ》
俳人《はいじん》の
伝記《でんき》まんが入《い》り

読《よ》めるとたのしい 難読漢字《なんどくかんじ》教室《きょうしつ》
難《むずか》しい読《よ》み方《かた》や
特別《とくべつ》な読《よ》み方《かた》の漢字《かんじ》

似《に》たもの 漢字使《かんじつか》い分《わ》け教室《きょうしつ》
同音異義語《どうおんいぎご》、
反対語《はんたいご》、類語《るいご》など

暗誦百人一首《あんしょうひゃくにんいっしゅ》
コラム暗誦新聞《あんしょうしんぶん》
入《い》り

古典《こてん》教室《きょうしつ》
まんがで読《よ》む
古典作品《こてんさくひん》

短歌《たんか》教室《きょうしつ》
短歌《たんか》100首《しゅ》を
解説《かいせつ》

漢字辞典《かんじじてん》③
五《ご》、六年生《ろくねんせい》向《む》き

漢字辞典《かんじじてん》②
二《に》～四年生《よねんせい》向《む》き

かん字《じ》じてん①
一《いち》、二年生《にねんせい》向《む》き

作文《さくぶん》教室《きょうしつ》
中学入試《ちゅうがくにゅうし》にも
対応《たいおう》

文法《ぶんぽう》教室《きょうしつ》
文《ぶん》の基本《きほん》を
まんがで読《よ》む

春夏秋冬《しゅんかしゅうとう》教室《きょうしつ》
季節《きせつ》のことばと
行事《ぎょうじ》を楽《たの》しむ

小学生英語《しょうがくせいえいご》 CD《シーディー》付《つ》き
授業《じゅぎょう》にも役立《やくだ》
つ英語入門《えいごにゅうもん》

英語《えいご》教室《きょうしつ》 CD《シーディー》付《つ》き
会話《かいわ》や歌《うた》で英《えい》
語《ご》に親《した》しもう

表現力《ひょうげんりょく》をつける ことば教室《きょうしつ》2
ことばの力《ちから》を
さらにつけよう!!

表現力《ひょうげんりょく》をつける ことば教室《きょうしつ》
長文読解《ちょうぶんどっかい》、記述《きじゅつ》
問題《もんだい》の対策《たいさく》にも

なぞなぞ ようちえん
おやくだちべんきょう
ページ入《い》り

自由研究《じゆうけんきゅう》
テーマの決《き》めかた
からまとめかたまで

計算力《けいさんりょく》をつける
すばやく正確《せいかく》に、計《けい》
算《さん》ができるようになる

分数《ぶんすう》・小数《しょうすう》
分数《ぶんすう》と小数《しょうすう》の計算《けいさん》の
仕組《しく》みがたのしくわかる

かけ算《ざん》わり算《ざん》
かけ算九九《ざんくく》から
筆算《ひっさん》まで

読書感想文《どくしょかんそうぶん》教室《きょうしつ》
苦手《にがて》な読書感想文《どくしょかんそうぶん》
が好《す》きになれる

手作《てづく》り教室《きょうしつ》
はじめてのお料理《りょうり》、おかし
作《づく》り、工作《こうさく》、手芸《しゅげい》など

めいろあそび
考《かんが》える力《ちから》が
しぜんに身《み》につく

まちがいさがし
よく見《み》てくらべて
集中力《しゅうちゅうりょく》アップ

なぞなぞ 365日《にち》
1年《ねん》で365この
なぞなぞにチャレンジ!

なぞなぞ 3年生《ねんせい》
まる子新聞《こしんぶん》
ふろく入《い》り

なぞなぞ 2年生《ねんせい》
まるちゃんの
なんでもノート入《い》り

なぞなぞ 1年生《ねんせい》
けんきゅう
はっぴょう入《い》り

大《だい》好《こう》評《ひょう》発《はつ》売《ばい》中《ちゅう》!!

こちら葛飾区《かつしかく》亀有公園前派出所《かめありこうえんまえはしゅつじょ》両《りょう》さんの

生物《せいぶつ》大達人《だいたつじん》
植物《しょくぶつ》から、ほ乳類《にゅうるい》、昆虫《こんちゅう》、は虫類《ちゅうるい》、両生類《りょうせいるい》など

国《くに》のしくみ大達人《だいたつじん》
憲法《けんぽう》から地方自治《ちほうじち》まで

恐竜《きょうりゅう》大達人《だいたつじん》
恐竜《きょうりゅう》を通《とお》して地球《ちきゅう》の歴史《れきし》を学《まな》ぶ

天体《てんたい》大達人《だいたつじん》
太陽《たいよう》や月、春夏秋冬《しゅんかしゅうとう》の星座《せいざ》など

地図《ちず》大達人《だいたつじん》
地図《ちず》の見方《みかた》・作《つく》り方《かた》、地図記号《ちずきごう》など

昆虫《こんちゅう》大達人《だいたつじん》
昆虫《こんちゅう》の生態《せいたい》から飼《か》い方《かた》まで

日本史《にほんし》大達人《だいたつじん》③
③江戸時代《えどじだい》後期《こうき》～現代《げんだい》

日本史《にほんし》大達人《だいたつじん》②
②鎌倉《かまくら》～江戸時代前期《えどじだいぜんき》

日本史《にほんし》大達人《だいたつじん》①
①縄文《じょうもん》～平安時代《へいあんじだい》

人体大探検《じんたいだいたんけん》
人体《じんたい》の構造《こうぞう》や働《はたら》きと命《いのち》の尊《とうと》さを学《まな》ぶ

気象《きしょう》大達人《だいたつじん》
天気《てんき》がますますおもしろくなる

地球《ちきゅう》のしくみ大達人《だいたつじん》
地球《ちきゅう》のしくみがなんでもわかる

江戸《えど》大達人《だいたつじん》
江戸《えど》のくらしにタイムスリップ！

宇宙《うちゅう》大達人《だいたつじん》
太陽系《たいようけい》、天《あま》の川銀河《がわぎんが》、宇宙《うちゅう》の歴史《れきし》や構造《こうぞう》など

産業《さんぎょう》と仕事《しごと》大達人《だいたつじん》
産業《さんぎょう》と仕事《しごと》を知《し》れば社会《しゃかい》のしくみが見《み》えてくる

クイズ大達人《だいたつじん》
図形《ずけい》・科学《かがく》・記憶《きおく》・言葉《ことば》ほか考《かんが》える力《ちから》をつける

地理《ちり》大達人《だいたつじん》
都道府県《とどうふけん》を楽《たの》しく覚《おぼ》えよう

まんぷくかけ算《ざん》わり算《ざん》
みるみる算数《さんすう》の大達人《だいたつじん》に!

せいかつプラス ちびまる子《こ》ちゃんの

友《とも》だちづき合《あ》い
友《とも》だちと上手《じょうず》にやっていくコツ

ラクラク勉強法《べんきょうほう》
やる気《き》のツボをおしちゃうぞ!

話《はな》しかたと発表《はっぴょう》
話《はな》しかたに自信《じしん》がつく!

時間《じかん》の使《つか》いかた
ダラダラ生活《せいかつ》におさらば!

マナーとルール
友《とも》だちづき合《あ》いのコツもわかる

整理整《せいりせい》とん
5ステップですっきり片《かた》づく

満点《まんてん》ゲット SPORTS《スポーツ》シリーズ

キャプテン翼《つばさ》の必勝《ひっしょう》！サッカー
テクニックや戦術《せんじゅつ》がわかる!

ちびまる子《こ》ちゃんの

四字熟語《よじじゅくご》かるた
あそびながら四字熟語《よじじゅくご》がまなべる

ことわざかるた
わかりやすいかいせつブック入《い》り

ちびまる子《こ》ちゃんの

音読暗誦教室《おんどくあんしょうきょうしつ》
齋藤孝《さいとうたかし》 著《ちょ》

仕事《しごと》の見《み》つけかた
自分《じぶん》に合《あ》う仕事《しごと》が見《み》つかる!

満点《まんてん》ゲットシリーズ せいかつプラス

ちびまる子《こ》ちゃんの マナーとルール

2018年11月10日　第1刷発行
2023年 6 月 6 日　第7刷発行

●キャラクター原作／さくらももこ
●監修／沼田晶弘
●ちびまる子ちゃんまんが・カット／マスヤマフミコ、倉沢美紀
●カバー・表紙・総扉イラスト／小泉晃子
●カバー・表紙・総扉デザイン／曽根陽子
●本文デザイン／I.C.E
●写植・製版／昭和ブライト写植部

発行人　今井孝昭
発行所　株式会社　集英社
〒101-8050　東京都千代田区一ツ橋 2 丁目 5 番地 10 号
電話　【編集部】03-3230-6024
【読者係】03-3230-6080
【販売部】03-3230-6393（書店専用）

印刷・製本所　大日本印刷株式会社

ISBN 978-4-08-314070-9 C8337